电子竞技史

张 轩 张大鹏 主编

电子工业出版社
Publishing House of Electronics Industry
北京·BEIJING

内容简介

本书编委会由上海久意信息技术有限公司等一线平台的从业者，上海戏剧学院、华东师范大学等高校的学者，来自上海文广新闻传媒集团的相关专家组成。编委会囊括了电子竞技行业的"产学研"精英，在大量调研国内外历史资料和采访相关人士的基础上集结成此书。

本书回溯了电子竞技的发展史，将电子竞技从起源、壮大到受阻后重生，再到成为新兴产业的历程一一道来，资料丰富、内容翔实、体系严谨、理论科学。

电子竞技作为新兴的国际运动项目，得到了社会各界的支持与关注。本书可供本科院校、高等职业院校相关专业作为教材使用，在为学习者提供史料和理论支持的同时，也适合电子竞技爱好者和关注者阅读。

未经许可，不得以任何方式复制或抄袭本书之部分或全部内容。

版权所有，侵权必究。

图书在版编目（CIP）数据

电子竞技史 / 张轩，张大鹏主编. —北京：电子工业出版社，2019.7
ISBN 978-7-121-35056-6

Ⅰ. ①电… Ⅱ. ①张… ②张… Ⅲ. ①电子游戏—运动竞赛—历史 Ⅳ. ①G898.3

中国版本图书馆 CIP 数据核字（2018）第 214082 号

策划编辑：秦　聪　申凯旗
责任编辑：秦　聪
印　　刷：北京盛通商印快线网络科技有限公司
装　　订：北京盛通商印快线网络科技有限公司
出版发行：电子工业出版社
　　　　　北京市海淀区万寿路 173 信箱　　邮编：100036
开　　本：880×1 230　1/32　　印张：7.25　　字数：207 千字
版　　次：2019 年 7 月第 1 版
印　　次：2022 年 8 月第 4 次印刷
定　　价：48.00 元

凡所购买电子工业出版社图书有缺损问题，请向购买书店调换。若书店售缺，请与本社发行部联系，联系及邮购电话：（010）88254888，88258888。

质量投诉请发邮件至 zlts@phei.com.cn，盗版侵权举报请发邮件至 dbqq@phei.com.cn。

本书咨询联系方式：（010）88254473。

编委会成员

顾 问
申江婴　　新华网党委常委、副总裁、董事
武锁宁　　中国通信企业协会副会长
彭 超　　中国信息产业网常务副总裁

主 任
陆 军　　中国电子竞技大会（CIG）组委会执行主任
张 轩　　久意电竞创始人，中国电子竞技大会（CIG）组委会常务副秘书长

副主任
张大鹏　　上海戏剧学院电影电视学院副教授，博士
巩晓亮　　华东师范大学教授，原上海文广新闻传媒集团电视新闻中心资深主持人、记者
郭金鑫　　上海戏剧学院电影电视学院讲师

委 员
杨 帆　　从事企业管理运营工作 5 年以上
张天齐　　资深运营，从事电竞新媒体工作 3 年以上
余文杰　　资深运营，从事电竞运营工作 5 年以上
钱晓磊　　优秀教育工作者，从事电竞教育行业 5 年以上
唐文超　　从事数据分析网站运营 3 年以上
汪 琪　　培训讲师，从事教育行业工作 5 年
刘 杨　　俱乐部经理，从事电竞俱乐部运营管理 5 年以上

前　　言

　　易中天先生在《品三国》中说，很多历史人物，特别是著名历史人物，都有三个形象——历史形象、文学形象、民间形象，这三个形象差别巨大。电子竞技（本书中亦称"电竞"）发展到今天，才短短几十年的历史，但是没有任何一种竞技体育项目像电子竞技这样经历过如此复杂的起伏变化和如此对立的舆论环境。电子竞技到底有一个什么样的形象呢？答案依然很模糊。

　　电子竞技的历史虽然短暂，但是它经历的这几十年也是整个世界日新月异的几十年。计算机、全球化、文化产业、科技战略，一个个新鲜的词汇不断涌现；主播、电商、新媒体、大资本，一个个参与者轮流登台。电子竞技在这样的一个时代，会往什么样的方向发展，又会给我们的生活带来什么样的改变呢？

　　这些，都是本书在梳理历史的过程中，希望寻找的答案。

　　笔者和编委们在整理材料的过程中不由感慨，电子竞技的每一步，都走得如此艰难。套用易先生的理论，我们认为电子竞技也起码有三个形象：历史形象——这也是本书力图呈现的真实客观的形象；文明形象——无论是文化性质还是体育性质，不可否认的是，电子竞技是人类文明的重要代表之一，这也是本书力图说明的重要内容；舆论形象——巨大的网络平台给了每个群体发声的机会，喜欢与厌恶、支持与反对的双方都强烈地、毫无遮拦地表达了自己的观点。本书充分选取了有代表性的历史事件，力图在纷繁的表象中，还电子竞技本来的面目。

同时，笔者也发现，目前市面上大多数的电竞理论类书籍并没有把史论和理论分开。这虽然是概论的短板之一，也有电竞本身历史过于短暂的客观原因。但混为一谈地分析就带来了三个问题：第一，没有史论和理论的共同支撑，就没有办法撑起电竞研究的整个理论体系；第二，史论和理论分析所使用的理论依据不一样，没有细分研究，也就难以开展准确有效的电竞教育；第三，史论常常是大家最容易忽略的部分，也是学生们兴趣寥寥的部分，但是，关注历史就是关注未来，小到一个人，大到一个公司、一个产业，没有对自己来路的梳理，也就无法认知自己的方向，历史中的种种，将会是你前进路上的探路石、救生衣、指路标。

所以，本书在内容上充分还原了电子竞技的"前世今生"，在内容和形式上也进行了有益的探索：

在年代划分上，通过大量历史事实和标志性事件，确定了萌芽、转变、兴起、爆发、寒冬、重生和盛世这几个重要阶段，不仅将历史脉络抽丝剥茧地呈现出来，而且通过标志性事件，也让大家看到了影响电竞历史走向的重要因素。

在历史背景上，因为电子竞技的发展紧密依靠硬件设备和游戏厂商，所以我们对这些重要因素的产生与作用过程做了详尽分析，有助于大家了解历史背景，同时从历史的角度认识电竞目前的生存环境。当然，国情的差别也是影响电竞发展的重要因素之一，因此我们也将电子竞技在不同国情、不同环境下的发展做了一些对比，让大家有一个横向比较的科学坐标。换句话说，电子竞技虽然年轻，但是因为生长在全球化的背景下，所以天然具有国际视野，少了这些横向的比较，电子竞技的历史是不完整的。

在语言风格上,我们尽量用史实进行表述,语言细致但不主观,手法简约但不空洞,具有历史思考却不轻易下结论,希望以此抛砖引玉,带动大家共同思考。

电子竞技不仅是年轻人的专有战场,还需要传统学界和一线团队的共同奋斗,才能为这个新兴产业的有序发展保驾护航;电子竞技不是资本的"游乐场",需要政策和文化的同时介入,才能让这个体育界的新秀健康成长。

张　轩

2019 年 6 月

目　　录

第一章　萌芽（1983 年之前） 1
  1.1　背景 1
    1.1.1　时代背景 1
    1.1.2　硬件设备发展 1
    1.1.3　电子游戏的诞生 4
  1.2　游戏厂商：雅达利 7
  1.3　第一场电竞赛事 14
  1.4　第一支战队 17
  1.5　国内状态 20
    1.5.1　经济状况 20
    1.5.2　硬件设备 20
    1.5.3　电子游戏尚未出现 22
  思考题 23

第二章　转变（1983—1997） 25
  2.1　日本游戏产业的崛起 25
    2.1.1　日本游戏厂商从模仿到自主 25
    2.1.2　任天堂转型和红白机大热 27
  2.2　赛事 31
    2.2.1　玩家自发建立的赛事 31
    2.2.2　游戏厂商举办的赛事 33
  2.3　PC 诞生与普及 41
    2.3.1　1971 年，英特尔 4004 芯片问世 41
    2.3.2　1981 年，IBM 推出全球第一台个人计算机 5150 42
    2.3.3　1995 年，Windows 95 操作系统发布 43
    2.3.4　早期 PC 电子竞技赛事 44

2.4 国内状态 ··· 50
2.4.1 经济环境 ··· 50
2.4.2 政策条件 ··· 52
2.4.3 科技基础 ··· 54
思考题 ··· 60

第三章 兴起（1998—2000） ··· 61
3.1 背景 ··· 61
3.1.1 硬件设备 ··· 61
3.1.2 时代背景 ··· 64
3.2 游戏 ··· 66
3.2.1 《星际争霸》 ··· 66
3.2.2 《反恐精英》 ··· 74
3.2.3 其他 ··· 82
3.3 赛事主办方 ··· 87
3.3.1 Cyberathlete Professional League（CPL） ··· 87
3.3.2 Professional Gaming League（PGL） ··· 89
3.4 国内状态 ··· 90
3.4.1 加入 WTO：开放程度提高 ··· 90
3.4.2 网络 ··· 91
3.4.3 赛事 ··· 95
思考题 ··· 98

第四章 爆发（2001—2007） ··· 99
4.1 背景 ··· 99
4.1.1 加入 WTO，走向世界 ··· 99
4.1.2 "孤岛"时代的终结 ··· 99
4.1.3 电子竞技发展拐点 ··· 102
4.2 游戏 ··· 105
4.2.1 《魔兽争霸 3》 ··· 105
4.2.2 《刀塔》 ··· 111
4.3 赛事 ··· 116
4.3.1 国际赛事 ··· 116

		4.3.2 国内赛事	125
	4.4	俱乐部	128
		4.4.1 国外著名电竞俱乐部	128
		4.4.2 国内著名电竞俱乐部	134
	4.5	政策	135
	4.6	平台	136
		4.6.1 联众&QQ	136
		4.6.2 浩方	139
第五章	寒冬（2008—2010）		143
	5.1	背景	143
	5.2	赛事与俱乐部	143
		5.2.1 赛事赞助减少，大型赛事停办	144
		5.2.2 电竞俱乐部裁员、解散	146
	5.3	政策	146
	5.4	电竞选手寻求新的收入来源	147
		5.4.1 视频解说	148
		5.4.2 主播开设淘宝店	149
	思考题		152
第六章	重生（2011—2013）		153
	6.1	背景	153
	6.2	游戏	157
		6.2.1 《英雄联盟》	157
		6.2.2 《刀塔2》	163
	6.3	俱乐部	167
		6.3.1 iG	167
		6.3.2 WE	169
	6.4	平台	171
		6.4.1 天梯体系	171
		6.4.2 VS 竞技游戏平台	174
	思考题		176

第七章 盛世（2014—） ·· 177
   7.1 背景 ··· 177
       7.1.1 资本催化 ·· 177
       7.1.2 政策支持 ·· 180
       7.1.3 玩家激增 ·· 181
   7.2 游戏 ··· 182
       7.2.1 手机游戏 ·· 182
       7.2.2 大逃杀游戏 ··· 188
   7.3 政策 ··· 195
       7.3.1 赛事政策 ·· 195
       7.3.2 教育政策 ·· 198
   7.4 赛事 ··· 199
       7.4.1 TI ·· 199
       7.4.2 S 系列赛 ··· 204
       7.4.3 其他赛事 ·· 209
   7.5 俱乐部 ·· 210
       7.5.1 成熟化、专业化、体系化 ································· 210
       7.5.2 "强势进入，整合电竞"的 ACE 联盟 ················· 211
       7.5.3 城市主场：带动当地产业发展及 LPL 的多城市主场规划 ····· 213
   7.6 平台 ··· 214
   思考题 ··· 219

第一章 萌芽（1983年之前）

1.1 背　　景

1.1.1 时代背景

20世纪60~70年代，是美国科技高速发展的黄金时期。在此期间，自由开放的社会环境成为新科学技术革命在美国兴起的沃土。新科学技术包括原子能技术、航空航天技术及电子计算机技术，科学技术的进步极大地推动了美国经济朝着现代化的方向发展。经济的发展让美国的现代企业组织、国家和国际垄断组织有了新的变化，跨国公司如雨后春笋般崛起。在社会实现高度现代化之后，美国成为全世界范围内的超级大国。此后，它开始走向后工业社会和信息社会。

20世纪60年代初期，美国和苏联展开了太空军备竞赛。从某个角度来看，正是这场竞赛引发了全社会的"电子狂潮"。而"电子狂潮"则让电子科技得到进一步的发展，为日后电子游戏的兴起打下良好基础。

1.1.2 硬件设备发展

1. 第一台计算机的诞生

"现代计算机之父"冯·诺依曼对计算机的发展有着无可比拟的贡献（见图1-1）。1945年，他以"关于EDVAC的报告草案"为题，详细描述了"存储程序通用电子计算机方案"。

图 1-1　冯·诺依曼与 EDVAC 计算机

冯·诺依曼在报告中阐述了电子元件双稳工作的特点，并认为二进制的优点有利于计算机逻辑线路最简化，因此将二进制运用于电子计算机无疑是最好的选择。

EDVAC 这台具有现代意义的通用计算机诞生于美国陆军阿伯丁试验场的弹道研究实验室。作为首台使用二进制计算方式的计算机，EDVAC 包括计算器、逻辑控制器、存储器、输入设备和输出设备五个基本组成部分。事实上，EDVAC 虽然体型庞大且需要 30 个技术人员同时操作才能运行，但存储程序及程序控制依然是其基本的工作原理。

"关于 EDVAC 的报告草案"是计算机史上的一座里程碑，其中提到的计算机的体系结构依然沿用至今，被称为"冯·诺依曼结构"。这份报告不但推动了电子计算机的发展向前迈进了一大步，同时加速了电子计算机时代的来临。

2. 1964 年，汇编语言创建

在早期的程序设计过程中，程序员们大多使用机器语言来编写程序。

他们通过"1表示打孔，0表示不打孔"的方式，在纸带或卡片上打上二进制的程序代码，再通过纸带机或卡片机把程序输入计算机运算。且不说只由0和1组成的机器语言难以阅读和修改，复杂的内容也使错误率大大上升了。在使用这种机器语言的过程中，程序员们逐渐发现了其不易辨识和记忆的弊端。为了解决这个问题，汇编语言便应运而生了。

汇编语言（Assembly Language）又被称为符号语言，作为一种低级语言，它主要被应用于电子计算机、微处理器、微控制器或其他可编程器件中。与机器语言相比，最大的区别就在于汇编语言利用助记符号（Mnemonics）替换了机器指令中的操作码，利用地址符号（Symbol）、标号（Label）替换了指令、操作数的地址，最后通过汇编过程将汇编语言转换成机器指令应用于不同的设备中。虽然不同的汇编语言相对应的机器语言指令集并不完全相同，但在某些特定的情况下两者是一一对应的。因此即便是不同的设备之间也可以直接使用同一种汇编语言，这极大地简化了程序员的操作流程。

3. 1965年，第一台小型计算机PDP-8诞生

世界上第一台小型计算机诞生于1965年的美国。当时，美国数字设备公司（DEC）推出了一款性能不输于大型计算机但价格便宜的小型计算机PDP-8，正是这款计算机拉开了小型计算机时代的序幕。

在PDP-8被推出之前，价格高昂且体型巨大的大型机牢牢地占据着市场支配地位。而外形简洁且相比之下可称得上是廉价的PDP-8一上市，就凭借其超高性价比秒杀了同一时期的同类产品，中小型企业、学校、报社等单位争先恐后地购买PDP-8计算机，不断增长的销量让PDP-8成为市场中的佼佼者。直到1990年，PDP-8经受不住微型计算机带来的巨大冲击，选择退出市场。

正是由于电子工业的发展，让计算机性能不断提高，计算机体积和

成本不断降低,最终使计算机从军用产品成为普通民用品,并成为电子游戏的载体。电子计算机的不断发展为电子游戏的诞生和发展提供了硬件支持。

1.1.3 电子游戏的诞生

1. 1947年,人类历史上第一个电子游戏——"阴极射线管娱乐装置"诞生

1947年,Thomas T. Goldsmith Jr.和 Estle Ray Mann 共同设计了"阴极射线管娱乐装置"(见图1-2),这是一个用八只真空管模拟导弹进行相互攻击的游戏机,其实是使用雷达显示技术中的阴极射线管做成了一个"玩具"。

图1-2 阴极射线管娱乐装置

这个游戏的玩法并不复杂:阴极射线管在屏幕上投射成一个点,这个点代表"导弹",玩家通过旋转几个按钮控制"导弹"的发射角度和轨迹参数,在"导弹"飞行的过程中,如果碰撞到预先设定好的目标,就表示命中。游戏还可以设定不同的难度等级，让其玩起来更加有趣。

2. 1958 年，第一个公开的电子游戏——《双人网球》（见图 1-3）

美国物理学家 Willy Higginbotham 本着激发大众兴趣的科普目的，在 1958 年将自己设计的小型交互式游戏机摆进了纽约布鲁克海文国家实验室。参观者可以在这台由示波器和模拟计算机组成的游戏机上操纵代表"网球"的光点，并借助轨道控制旋钮不断调整角度，防止因"网球"坠落"球网"而输掉比赛。但当慕名而来的玩家挤满了实验室，Willy Higginbotham 突然发现：由于游戏机的制作属于美国政府的资源投入范围，自己仅能从《双人网球》中获取 10 美元的奖励，还不得不面对同僚们"浪费资源"的指责。于是，这款传奇游戏机在展出短短两季后就被拆解成了满地的原材料，只留下一段珍贵影像显存于世。

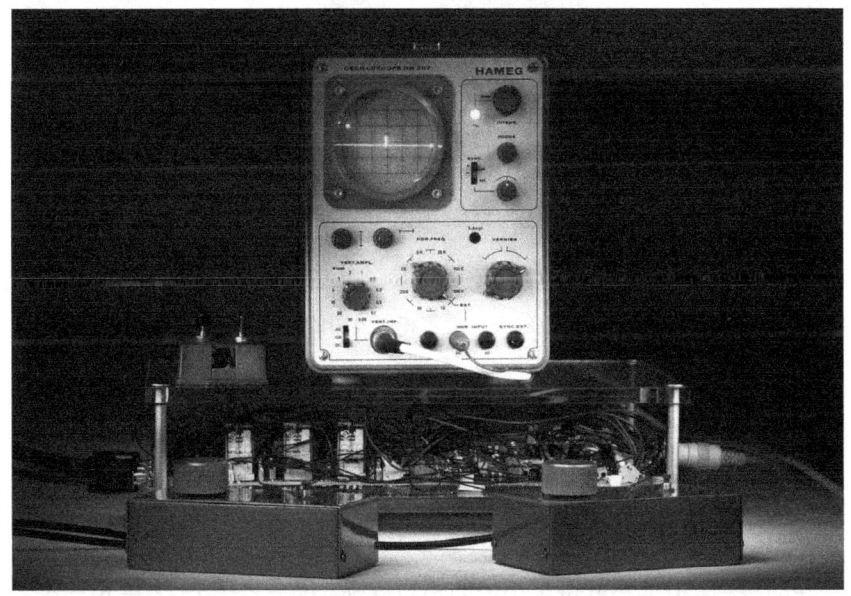

图 1-3 《双人网球》

作为世界上第一款通过图像显示的电子游戏，《双人网球》带来的影响远比 Willy Higginbotham 的预想更加深远，它将计算机的应用从最初的军事与科研领域中解放出来，进而拓展到了游戏领域。

3. 世界上第一台家用游戏机——奥德赛

很多玩家以为世界上第一台家用游戏机是雅达利主机，但其实世界上第一台家用游戏机最早被称为"棕盒"（Brown Box，见图1-4），直到Magnavox 公司推出第七款原型机的时候，才将这一系列改名为"奥德赛"（Odyssey）。

图1-4　拉尔夫·贝尔和他发明的"棕盒"

"奥德赛"是由拉尔夫·贝尔发明的，因此我们可以认为，是贝尔推动了视频游戏产业的诞生。但是由于"奥德赛"的主机（见图1-5）并不具备音响设备，所以它发不出一丁点声音，甚至连屏幕画面都是由光点组成的。尽管这款游戏机的造型十分简陋，且在销售时遇到了各种各样的难题，但依然取得了不俗的销售成绩。虽然它在1972年8月才上市，但当年的销售量就达到了13万台。

图 1-5 "奥德赛"主机

1.2 游戏厂商：雅达利

1. 雅达利的建立和世界第一款街机游戏——《PONG》

世界上首家专做电子游戏生意的公司——雅达利，由诺兰·布什内尔（Nolan Bushnell）于 1972 年创立。这家游戏公司开创了街机游戏的灿烂先河。

诺兰从小就喜欢玩各式各样的游戏，可以称得上一个游戏迷。大学期间，他偶遇了大型主机游戏——《太空大战》（见图 1-6），由此，他对电子游戏的兴趣一发不可收拾，整日在大学里研究《太空大战》。1971 年，年仅 25 岁的诺兰在硅谷一家名为 Ampex 的公司任电子工程师一职。不过，年纪轻轻的他并不安于现状，一直在等待机会大干一场。出于热爱和专业的原因，诺兰把创业目标锁定在电子游戏上，他想通过某种程序把计算机变为可供娱乐的游戏机。

此时诺兰已经成家并育有两个女儿，但生活的压力并没有阻挡诺兰创业的热情。他把女儿的卧室改成自己的办公室，夜深人静的时候就在线路图纸中寻找灵感。

诺兰通过不懈努力,终于在 1971 年的一天用一些电子零件开发出了第一台投币式游戏机,也就是我们现在所说的街机。诺兰把这款游戏称为《电脑空间》,但其对于第一次接触电子游戏的人来说过于复杂了,于是在此基础之上,诺兰通过修改规则推出了更为简单的游戏——《PONG》:屏幕中间有一条长线代表球网,游戏双方各控制一条短线代表球拍,两者轮流击打代表乒乓球的圆点,失球越少则得分越高(见图 1-7)。《PONG》在一家酒吧推出之后取得了巨大的成功,同时也拉开了 20 世纪电子游戏的序幕。

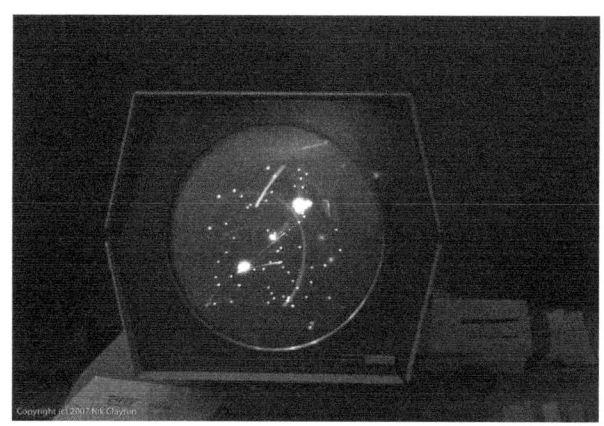

图 1-6 《太空大战》

图 1-7 电影《暗杀十三招》中的《PONG》

1972年6月，诺兰和一个同事共同出资500美元创建了雅达利公司，并雇用阿尔科姆为公司的工程师。诺兰用从银行贷来的5万美元打造了一条简单的生产线，并以低薪雇用了一批装配工人。很快，各大酒吧、俱乐部、娱乐场所都出现了雅达利的游戏机。短短两年内，其游戏机的销售量就达到了1万台。初步的成功让诺兰对未来信心满满，他准备将电子游戏机引入家庭。但同时他发现，另一家公司出产的"奥德赛"电视游戏机已经率先占领市场。诺兰和雅达利公司并没有就此放弃这个项目，相反，他推出了家庭版的游戏机。

　　这款游戏机不但在功能上远胜"奥德赛"，体积也比后者小得多。雅达利公司通过把游戏机的程序刻录在一种盒式磁带或者集成电路接口卡里，使游戏的种类变得越来越丰富。后来，雅达利又推出了《拥抱我》、《赛车》及著名的《空间大战》游戏。直到1975年，雅达利公司累积销售的家庭游戏机已经达到15万台，这也让雅达利成了当时世界上最大的电子游戏厂商。雅达利的崛起不仅让电子游戏进入了人们的生活，也推动了家庭计算机娱乐业的发展。

2. 雅达利2600和第一次电子游戏热潮

　　1976年10月，雅达利推出了第一款模拟驾驶类3D游戏——《夜晚驾驶者》。玩家在游戏中以第一人称视角扮演一名驾驶者，在黑白屏幕上操控车辆奔驰于夜间的高速公路上，当车辆驶向前方时，游戏画面将通过透视原理模拟出道路与景物的倒退效果。

　　毫无疑问，这又是一款创造了历史的游戏，但随着各类优秀游戏的快速增加，另一个问题也暴露了出来：此前的家用游戏机往往集屏幕、处理器及操控手柄于一身，不仅费用高昂，而且只能与某款特定的游戏相绑定，使用寿命极其短暂。这个缺陷在雅达利于1977年推出的"2600"型家用游戏机中得到了解决（见图1-8）。不同于以往的任何一款游戏机，雅达利 2600 将显示器和游戏手柄从游戏主机中剥离出来，转而采用了将家用电视作为外接屏幕的全新思路，其对不同游戏卡带的兼容性也让游戏主机的性价比大大提高。从 1977 年到 2018 年，雅达利 2600 的问世一举确定了近 40 年家用游戏机的基本模式。

图 1-8　雅达利 2600 游戏机

如果以现在的眼光和水平去衡量雅达利 2600 的硬件，确实会大失所望，但这并不能否定它曾经的强悍。雅达利 2600 早期采用的是 1.19MHz MOS 8 位元 6507 处理器，后来升级为可支持"160×192"分辨率屏幕的 2MHz 6502 处理器，最高显示 128 色。同时主机还配备了 128 B 的 RAM 和 6KB 的 ROM 内存。虽然游戏盘的容量只有 4KB，但是售价却高达 25 美元，不过，通过一些特殊的技术手段可以将卡带扩容至 10KB。雅达利正是依靠这样的主机打开了规模可观的家用游戏机产业市场（见图 1-9）。

第一章　萌芽（1983年之前）

图1-9　雅达利2600与游戏

在雅达利2600之前，家用游戏机一般都自带一个显示单元，控制器也是主机的一部分。这不但让游戏机的价格变得昂贵，而且十分不利于操作。另外，游戏机里的游戏基本固化在ROM里，一个游戏机只能玩一款游戏，如果玩腻了，游戏机就失去了它的价值。而雅达利2600的独特之处就在于它确立了"以家用电视机作为显示器从主机分离出去，以线缆连接的手柄作为控制单元"的模式。当时，家用电视机已经得到普及，这就降低了游戏机的成本，而宽大的显示屏又让用户的视觉得到了极大满足。后来，大部分家用游戏机都采用了这种结构模式。另外，雅达利2600可以更换卡带的设置，让主机里的游戏可以不断得到更新，这将游戏机的魅力展现得淋漓尽致，也使家用游戏机真正攀上了娱乐器具的巅峰。

《冒险》《打砖块》《天空入侵者》《亚尔的复仇》……即便放在今日，我们也很难相信，作为游戏厂商的雅达利能在如此短的时间内同时推动硬件和软件的更新迭代，并且让每款新作都成为市场追捧的对象。

1980年，雅达利举办了一场大型的"太空侵略者"锦标赛。比赛内容是日本南梦宫公司在 1979 年时推出的《太空侵略者》(见图 1-10)。这项赛事在当时吸引了上万人参与,引起了巨大反响。竞技游戏也正是在那时开始逐渐占据游戏市场的主流位置的。

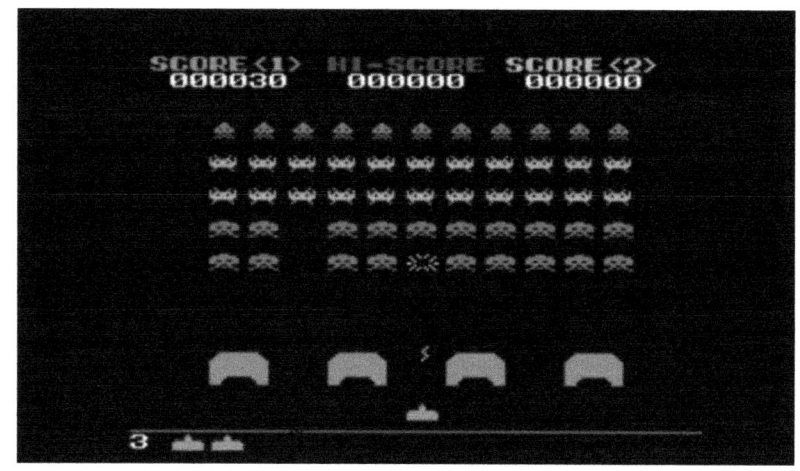

图 1-10 《太空侵略者》游戏画面

1982 年,成立十周年的雅达利已经取得了令人瞩目的市场地位:平均每三户家庭中就拥有一台雅达利生产的家庭游戏机,这些热爱电子游戏的孩童和年轻人又在各款游戏上贡献着源源不断的销量。准确地说,是近 20 亿美元的年度销售额,甚至是当年大热电影《E.T》总票房的 4 倍多。

身处狂热的游戏浪潮中,当时的人们也许很难从中窥见火爆的行业全貌,但当雅达利开始举办第一场大规模的电子游戏竞技比赛,这种来自游戏天性和虚拟科技感的强大感召力着实让一整代人印象深刻。回忆起那场电子竞技的萌芽,如今身为 Riot Game 公司总裁的 Marc Merrill 曾经感慨,"他们不惜花费上百美元,驾车穿越几乎整个美国,只为和拥有共同爱好的人们共聚一堂,像观看演唱会那样观看一场电子游戏比赛"。

3.《E.T》游戏的失败和雅达利的没落

1982年,一款来自日本的电子游戏《吃豆人》让接替诺兰主持雅达利的R.Kassar嗅到了成功的气息。但当买下版权的雅达利将其移植到游戏主机上时,糟糕的游戏质量让不满的情绪悄然在玩家群体中发酵。事实证明,放浪形骸却深谙玩家心理的诺兰也许可以被称为电子游戏界的乔布斯,但作为内衣生产商的R.Kassar绝不是有能力在继任后平稳大局的库克。

为了在《吃豆人》遭遇失败后挽回声誉,雅达利进一步放开了第三方游戏开发的质量门槛,并花费巨资买下了当年热门电影《E.T》的版权,试图在以数量取胜的同时,重点打造一款热门游戏产品。

然而,雅达利同年在一场关于第三方游戏开发的官司中败诉。在这场官司之前,硬件和软件的制作权全归游戏主机商所有,而电视游戏机制造商则是唯一的游戏开发商。雅达利败诉之后,很多游戏开发商扎堆进入市场。甚至和游戏"八竿子打不着"的燕麦公司——桂格都涉足了,推出了几款质量低下的游戏。

一时之间,不计其数的低质量游戏如雪片般袭来,它们有些只是纯粹山寨和翻新后的产物,有些甚至无法在游戏主机上正常运行。这些粗制滥造的游戏让电视游戏开始走下坡路。玩家的热情在屡次尝试与失望中逐渐降到了冰点,直到制作时间仅有短短6周的游戏《E.T外星人》在1982年圣诞假期匆匆上市,成为"压死骆驼的最后一根稻草"。持续的失望终于转化成了愤怒,远不及预期的游戏销量和新主机5200的遇冷让这家曾经创造过奇迹的游戏厂商再也无力重铸昔日的辉煌。这款游戏被认为是史上最著名的IP烂作,最后和那些卖不出去的游戏卡带一起被埋进了垃圾堆。

另一方面,雅达利的没落也在于承受不了新市场带来的巨大冲击。

20 世纪 80 年代后,计算机的价格一路下滑,从曾经的一千多美元跌至几百美元,而当时销量最好的雅达利游戏机的售价接近 200 美元。廉价的计算机比游戏机具备更多的功能,消费者自然就会倾向于选择计算机而不是只能用于娱乐的游戏机。

1983 年,雅达利终因难以支撑而崩溃。虽然还有很多游戏仍在销售中,但是消费者已经不愿再花冤枉钱了。为雅达利工作的开发商也因为没有市场而相继破产倒闭。

1.3 第一场电竞赛事

1961 年,就读于麻省理工学院的 Steve Russell 在 PDP-1(编成数据处理器-1)小型机上设计了《太空大战》。这款游戏的内容设定被应景地搬上了太空,由对战的两名玩家操纵激光来击毁对方的太空船。在当时,能够接触 PDP-1 小型机的地方只有各大计算机实验室,为了摆脱普及的困难,《太空大战》经历了两次版本的改动。

最先"改造"成功的是 Rick Blomme 在 1969 年基于远程教育和实时共享系统 PLATO 而重新编写的《太空大战》,这个实现了双人远程连线的新版本也被称为世界上首款网络游戏。而游戏厂商 Nutting Associates 在 1971 年发布的《电脑空间》却意外遭遇了失败,尽管游戏的可玩性要高于前者,但它的操作实在是太过复杂了。

尽管《太空大战》只是诞生于 Steve Russell 好奇心之下的产物,在它诞生后的十年间,一直有着忠实的玩家群体和热心程序员对其进行版本更新,直到 1972 年,《太空大战》已经可以进行 5 人混战了。

二十世纪六七十年代的旧金山正处于一场轰轰烈烈的技术革命中,计算机、鼠标、Windows 系统等全新科技产品的出现,改变了人们的生活。《滚石》杂志的编辑 Stewart Brand 是一个热衷于追逐新潮文化的人，他敏锐地察觉到电子计算机一定会是下一个热点，于是开始走访全国各地高校的电子计算机实验室。

1972 年，Brand 在斯坦福实验室与《太空大战》相遇了。根据他的观察，几乎在每个学校的计算机实验室里，都有学生扎根在计算机前沉迷于这款看似简陋的游戏之中，他们全神贯注地沉浸在游戏里，想要击败对手。这一现象引起了 Brand 的注意，他灵光一闪，决定举办一场前所未有的比赛，并且为之撰写一篇专题报道，这就是历史上第一场电子竞技比赛的诞生原因。

Brand 很快与实验室沟通好，专门空出一天来举办比赛——"泛银河系《太空大战》奥运会"，这个听起来有些不可思议的名字就这样出现在了 1972 年的斯坦福大学里，彼时风靡全美的文化杂志《滚石》则成了比赛中获胜者的奖品。作为组织者及赞助者，Brand 经历了他职业生涯中最为特殊的一次比赛报道，他准备了啤酒和小吃，邀请了一些学生和研究人员来斯坦福参加这场比赛。

于是在 1972 年 10 月 19 日，斯坦福大学人工智能实验室迎来了历史上第一场电子竞技比赛，也可能是观众最少的一次（见图 1-11）。之所以选择在实验室里举办比赛，是因为《太空大战》只有这里的计算机才可以带动。比赛规模并不大，参赛选手只有五个，观众席自然是没有的，大家就像和朋友们在游戏厅一样，随意地围在一台计算机旁，观看这场史无前例的比赛。

在这场比赛中，可以发现许多有趣的事情。根据当时的比赛录音，选手们一边疯狂敲击键盘和鼠标，一边嘶吼着，看来电子竞技生来就有这种调动起人们狂热情绪的能力。

图1-11 历史上第一场电子竞技比赛

作为参赛者的理工科学生坐在 PDP-10 计算机前，紧张地盯着屏幕上由对手操控的"飞船"，并在对峙和周旋的过程中竭力用"导弹"或"激光"击毁目标。与激烈战局相伴的是经过策划后的完整赛制。五人制乱斗和团队竞技一连持续了数个小时，最终由一名名叫巴姆格特的玩家夺得冠军，他用自己高超的技术完美碾压了其他对手，甚至可以做出一人操控两架飞船、只用左手"吊打萌新"的"天秀"操作。比赛冠军并没有现在这么丰厚的奖金，巴姆格特只获得了《滚石》杂志的免费订阅权和一个"泛银河系《太空大战》奥运会冠军"的头衔，然而这个头衔背后所蕴含的意义和价值是巨大的，有人将这看作世界上第一个电竞比赛冠军。

决出胜负后，选手们拖着疲倦的身体并带着难以抑制的兴奋感重新回归日常的大学生活，而电竞的历史已经在此刻写下。Brand 为这场比赛在《滚石》杂志上发表了一篇 9000 字的专题报道，很多连电子游戏都没听说过的人，从这里开始了解电子竞技。这场比赛和报道也催生出了第一台《PONG》游戏机，并且为日后的游戏开发制作带来了新的灵感和思路。

1.4 第一支战队

雅达利的时代在 1982 年结束了，但这并不能抹去创始人诺兰对电子游戏做出的贡献。在发展的巅峰时期，无论是街机还是家用游戏机，都在迅速普及的过程中让电子游戏之于娱乐生活的地位与日俱增。与价格不菲的游戏主机相比，投币使用且能够在众人围观下享受对战乐趣的街机似乎更加契合当时年轻人的心理。

美国爱德华州的 Walter Day 可能是第一批意识到风向转变的人，不是因为他拥有敏锐的嗅觉，而是因为他经营的街机厅逐渐变得人满为患。这一切发生得如此突然，以至于身为老板的 Walter Day 不得不扮演起新的角色——游戏裁判兼记分员。他的"双子银河"（Twin Galaxies）街机厅坐落在爱德华州奥塔姆瓦市，这是一座居住了两万五千人、占地 42 平方公里的小城市。随着越来越多的年轻人涌入这家街机厅，Walter Day 突然发现，吸引他们聚集于此的并非是纯粹的游戏体验，而是在互相挑战中不断超越所带来的心理满足感。伴随着游戏分数的上涨，人群中发出一次次欢呼。总有人能够在惊叫声中刷新游戏的纪录，也总有不甘落后者在反复练习后试图到达新的高峰。

20 世纪 70 年代的游戏机尚未开发出积分榜单功能，那些令人惊讶的积分奇迹都由 Walter Day 完整地记录在案，以此作为吸引玩家光顾的另一种途径。为了确保记录的公允，这位游戏机厅老板不仅需要在屏幕前目不转睛地见证玩家的每一次操作，甚至还将游戏全程用摄影机拍摄并制作成录像带予以保存。

这种前所未有的形式很快流传开来，Walter Day 没有想到，原本用于娱乐和招揽生意的榜单竟然拥有了众多拥趸，其中不乏在《吃豆人》

《小行星》《战区》等游戏中表现突出的顶尖玩家，以至于连奥塔姆瓦时任市长都为之震惊，将这座城市誉为"世界电子游戏之都"。

1982年1月，美国《时代周刊》首次为电子游戏赋予了封面文章整版报道的地位，随之而来的，是众多权威媒体纷纷将笔触对准了这个热门领域。倍受鼓舞的Walter Day索性卖掉了自己的街机厅，将全部精力投入到电子游戏积分网站的建设中。这个积分纪录网站延续了"双子银河"的称谓，而它的涵盖范围一如银河般广阔，任何市面能够看到的游戏都在网站上有一席之地。同时，网站还囊括了来自全球各地的高分玩家。

纷至沓来的电话中充斥着世界各国的语言，人们用兴奋的声音汇报着刚刚在游戏中取得的高分。Walter Day继而建立了一套详尽的认定系统，从玩家信息的登记到雇用裁判对录像进行认证，丰富的数据库和科学的评定机制就这样将"双子银河"的声望推上了顶峰。Walter Day本人作为"电子游戏业官方计分板"的创建者，亦出现在了同年的《时代周刊》上。

在电子游戏竞技的概念被公众逐渐认识后的数年里，游戏机庞大的市场份额和"双子银河"影响力的增长让玩家心理在不经意间发生了改变，游戏的竞技属性在混沌中兴起。1982年，吉尼斯迎来了首个电子游戏高分纪录，一部由迪士尼制作的科幻电影也在同年登陆院线。这部闯入奥斯卡的电影——《电子世界争霸赛》讲述了一名黑客设计的游戏被盗用，却在追踪过程中被困于电子游戏中并试图逃脱的故事。这无疑是对电子游戏最好的宣传。

在电影主创忙着为获奖欢呼时，Walter Day正在着手组建一支电子游戏竞技队伍：美国电子游戏国家队（USNVGT，见图1-12）。而随着原队长Steve Sanders因一次意外失败的"电子马戏团之旅"离队，Walter

Day再次改变了自己的角色,以队长的身份带领这支初创战队开始了全美环游。这场横跨美国的旅行中穿插着与各地电子游戏爱好者的友谊赛,在那段互联网还不普及的时间里,这段旅程无疑对扩大电竞的影响力起到了至关重要的作用,他们甚至将目的地延伸到了世界各地。而这些赛程中的游戏积分纪录及高手玩家信息则被美国电子游戏国家队记录在《游戏最高分通讯》和《电子游戏玩家杂志》等刊物上。

图1-12 美国电子游戏国家队(USNVGT)标志

从经营街机厅、创建积分榜到挂帅游戏战队,Walter Day似乎总能踩准电子游戏的发展节点,并利用此前建立的个人影响力迅速引起玩家和公众的关注。即便在美国电子游戏市场因雅达利的衰退而跌入谷底之时,这些游戏刊物和"双子银河"网站仍然保持着稳健的增长态势,前者延续了将近十年的活跃期,后者直到2013年年底才停止运营,结束了三十余年的游戏积分的纪录历史。

1.5 国内状态

1.5.1 经济状况

改革开放之前，在当时的经济条件和社会文化背景下，中国人民的日常生活与文化娱乐中尚不存在电子游戏这个概念。

1.5.2 硬件设备

1. 1956 年，中国科学院计算机研究所筹建

中国的计算机产业开始于 1956 年，这一年的 6 月，国家正式提出了《十二年科学技术发展远景规划》（以下简称《规划》），《规划》要求将发展计算技术、半导体技术、电子学技术和自动化技术列为紧急措施，并提出立即筹建研究机构。这一《规划》提出后，中国科学院就立刻开展人员筹备，准备建立国家级的计算机科学技术研究所。

华罗庚作为计算机科学技术研究所筹备计划的牵头人，联合国内优秀的科研人员，组成了中国科学院计算技术研究所筹备委员会。在多方人员的努力下，1956 年 6 月 19 日，第一次筹备委员会会议在华罗庚的主持下顺利召开。这一研究所在 1965 年 8 月 25 日正式通过国务院批准，中国计算机事业的未来就在这些优秀的科研人员手上开始书写。

在那个年代，国内了解计算机的专业人员可以说是少之又少。筹备委员会以中国科学院为主，联合当时的第二机械工业部十局、军委总参三部、国防部五院和国内部分高校，开展全国范围的协作，共同组建计算机方面的科研中坚力量。一开始，他们连专门的办公地点都没有，只能租用西苑大旅社三号楼作为临时办公室和实验室，直到 1958 年 2 月才正式搬到位于中关村的新科研楼，这时的筹备委员会已经集中了 300 余人,组建了计算机整机、元件电路和计算数学三个研究室。

2. 1958年,中国第一台计算机——103型机研制成功

中国科学院计算技术研究所筹备委员会成立后,筹备委员会确立了立足国内"先仿制,后自行设计"的原则,引进了苏联的M-3计算机图纸资料,通过仿制与改进工作的实践,建立了中国自己的计算机科研队伍、工业生产队伍、应用队伍和管理队伍。筹备委员会按照规划中提出的"先集中,后分散"的组建原则,以中国科学院为主,集中几方面的科技力量,通过大协作的方式组织国内的力量进行生产和调试,并于1958年8月和1959年9月分别研制成功中国第一台小型电子管数字计算机(103型机)和第一台大型通用电子管数字计算机(104型机)。这两种电子管计算机的推出,为中国解决了大量过去无法计算的经济和国防等领域的难题,填补了中国计算机技术的空白,成为中国计算机事业起步阶段的重要里程碑。

总体而言,以103型机(见图1-13)为代表的中国第一代电子计算机研制的主要推动力是科技应用,民用计算机的需求还不很强烈。这一时期的计算机主要用于科学计算和国防事业。在这个阶段,中国分别研制了几十台计算机,包括高性能通用计算机、各种专用计算机及各种配套设备,使中国在计算机的国产化上掌握了重要的技术能力。

3. 1977年,DJS-050型机问世,成为中国历史上第一台微型计算机

1973年,由清华大学自控系牵头,以英特尔8008为蓝本,研制了DJS-050微处理器和微型计算机。该项目由第四机械工业部即后来的电子工业部支持进行。

设计组对英特尔8008、英特尔8080和摩托罗拉6800进行了精密的仪器分析后,认为仅凭中国当时的集成电路研究水平及装备状况,没办法研制出类似的微处理器,于是只能另找办法。最终,设计组将微处理

器分解成 31 块芯片,当整个微处理器被分解成这些中小规模的集成电路后,依靠当时清华大学自控系半导体车间的工艺水平,完全可以处理。于是他们就通过这种化整为零的"偏门"方法,研制出了我国第一台 8 位微型计算机 DJS-050 所需的所有芯片。清华大学自控系也因此成为国内 MOS 电路的发源地。

图 1-13　103 型机

DJS-050 被誉为我国第一台计算机,或者更严谨的说法是我国的第一台微型计算机。与 DJS-1 那种大型计算机不同,DJS-050 体积更小,可以应用的场景更多。该机字长 8 位,基本指令 76 条,直接寻址范围 64K 字节,最短指令执行时间 2 微秒,与英特尔 8080 系列微型计算机完全兼容,是之后国内使用较多的机型。

1.5.3　电子游戏尚未出现

1. 计算机小批量生产,使用配给机制

这一时期,我国的计算机产量很低,几乎没有在市场上流通的基础,而是采用配给制,根据各科研院所的需要配发使用。因此,计算机的所有设计图和零部件都处于严格监管之下。

同一时期,国外的微电子行业开始飞速发展。因为这一行业具有良好的发展前景,而且有丰厚的利润,因此带动了国内的电子热潮。后来全国各地也开始建起了微电子工厂,总共达到了 40 多家。这也为日后我国集成电路的大规模研发和量产打下了良好的基础。

2. 没有电子游戏存活的市场基础

当时的普通人对于计算机完全没有概念。如果去街上随机采访,很多人甚至都没有听说过这个词,听说过的人也只能从宣传机构播报的新闻里了解一些计算机的消息,研发计算机的从业者形象也很神秘,很多人认为他们像医生一样,穿着一身白大褂,戴着厚厚的眼镜,是儒雅的知识分子。人们普遍认为,计算机是用来进行科学研究的,和游戏毫无关系,并且在未来也是如此。

思考题

1. 收集资料并分析说明,冷战时期的科技发展是如何应用在民用领域并催生了电子游戏产业的发展的?

2. 如何评价雅达利公司在电子游戏发展史上的作用?

3. 硬件设备的设计和计算机的普及是如何冲击卡带游戏机的生存空间的?

4. 详细阐述历史上第一场电竞比赛,它的意义是什么?

第二章 转变（1983—1997）

2.1 日本游戏产业的崛起

1983年，雅达利公司由于电子游戏《E.T 外星人》的销量远远没有达到预期值，面临破产。同时，游戏市场鱼龙混杂，许多非专业的游戏公司生产了大量的垃圾游戏投入市场，严重影响了玩家的游戏体验。自此，北美作为电子游戏产业的发源地，整个电子游戏市场陷入了寒冬期，直到1985年任天堂红白机面世，局面才有所好转。

而同一时段的日本处于电子游戏产业的新兴时期，这主要得益于第二次世界大战后日本经济迎来了一段高速发展。战后的日本在美国的庇护下，无须支付战争赔款，也不用烦恼国防问题，所以有充足的资金用来发展经济，也有精力支持科技和教育，为知识分子提供了良好的待遇。在这段时期里，日本的游戏产业开始萌芽，为日后的全面爆发打下了坚实的基础。

2.1.1 日本游戏厂商从模仿到自主

1949年，年仅22岁的山内溥遵循祖父遗愿，第一次迈入了任天堂的大门。此时，这家名为"任天堂骨牌"的花札和扑克牌工厂，作为家族企业已有了60年的历史，陈腐而守旧的气息昭示着其濒临破产的状况（见图2-1）。在众多公司元老毫不信任的目光里，早稻田大学毕业的山内溥很快下达了接手后的第一纸命令——裁员。精简人事、引进技术、建立营销体系，大刀阔斧的改革让任天堂在四年时间里一跃成为日本骨牌行业的龙头企业，并在1964年东京奥运会期间与迪士尼达成战略合作。

图2-1　任天堂制作的花札牌

　　成功挽救了家族企业的山内溥对任天堂的未来有着自己的看法，在他看来，传统的骨牌业务必然随着科技进步被电子娱乐行业所取代，而转型越早就越是领先。基于这样的逻辑，任天堂在随后的数年里成立了游戏部门，将主要精力投入半导体和微芯片的研发中。

　　1973年，雅达利开发的游戏《PONG》在美国热销后被引入日本，这个在技术上远远领先于日本的机器犹如一枚深水炸弹，引起了日本对电子游戏的重视。同处游戏行业的世嘉（SEGA）在"山寨"中逐渐掌握了技术，以相继推出的《Speed Race》和《太空侵略者》等产品避免了日本游戏市场被雅达利垄断的命运。而任天堂研发的 COLOR TVGAME 6 与 COLOR TV GAME 15 两款产品也在1977年正式发售，它们分别包含 6 款和 15 款电子游戏,收获了超过 100 万件的销售量。

从被美国的技术惊醒,到几乎与雅达利同一时间进入发展快车道,主掌任天堂的山内溥交出了一份令人满意的答卷。但在忙着追赶雅达利的脚步之前,山内溥的敏锐眼光及性格在不经意间拯救了电子游戏的未来。

当雅达利的产品初次进入日本市场时,进行调研的任天堂等游戏厂商在感到震惊之余,很快察觉了美国电子游戏在日本水土不服的问题。首先,尽管在技术层面富有革命性,但昂贵的价格及偏高的使用成本很容易超出日本玩家的承受范围;其次,以游戏街机《PONG》为例,先进的技术并未实现规格的精细化,如果按照相同的构造仿制,甚至面临无法通过电梯进行运输的尴尬局面;最重要的是,许多游戏在运行时存在适配效果不佳的问题,虽然尚未对游戏体验造成毁灭性打击,但在山内溥看来,这是无法忍受的。

对本土化创新的重视、对市场需求的细致观察及对游戏品质近乎洁癖的严格要求构成了任天堂乃至日本电子游戏产业的新基本面,也帮助日本游戏在学习和模仿中逐渐实现了对雅达利的比肩乃至超越。1979 年的射击游戏《太空侵略者》、1980 年南宫梦公司推出的《吃豆人》、1981 年基于好莱坞经典电影设计的游戏《大金刚》,这些年度热门游戏不仅刷新着日本市场的销售纪录,更是漂洋过海回到美国,引领新一轮的游戏潮流。

2.1.2 任天堂转型和红白机大热

1980 年,时任任天堂第一开发部部长的横井军平提出将液晶电子游戏和数字表盘结合起来的产品概念,根据他的概念,任天堂最终开发出了 Game & Watch(见图 2-2),并且凭借这一产品的影响力,任天堂一跃进入了全新的阶段。当年任天堂 Game & Watch 的火爆不亚于现在的

iPhone,就算 30 个工厂昼夜不停地生产,仍然无法赶上人们购买的速度,市场上的 Game & Watch 永远是缺货状态,供不应求。1980 年,Game & Watch 的全年销售量高达 6000 万套,为任天堂日后走上"神坛"奠定了坚实的基础。

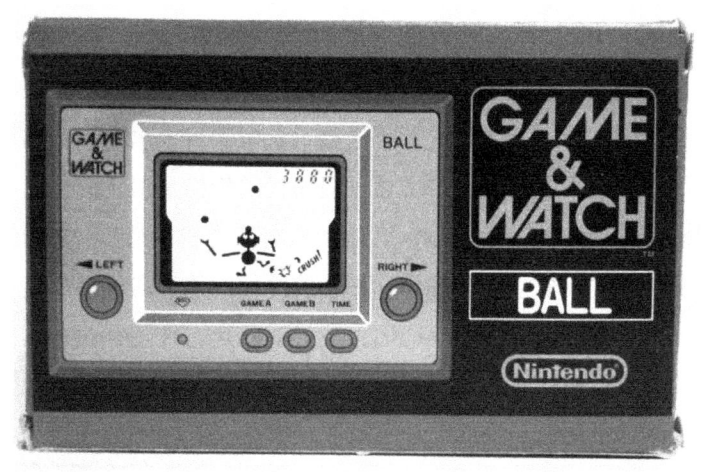

图 2-2 Game & Watch 游戏机

同年,任天堂还推出了街机游戏,那时候的街机游戏大多类似于《炼狱之火》和《史立夫》,需要搭配光线枪来玩,但是一招鲜总是走不长远的,当异形街机游戏《Radar Scope》的市场反馈不佳后,任天堂开始尝试转型。在宫本茂的带领下,任天堂开始开发一款名叫《大金刚》的游戏,这款横版冒险闯关游戏是《超级马里奥》的前身,玩家需要控制主角从大猩猩手中拯救女朋友。在宫本茂和横井军平的携手努力下,《大金刚》一经推出就受到了玩家的热情追捧,最终卖出了 65000 件,成为当时的年度热门游戏。

1980 年的任天堂仿佛打开了新世界的大门,不但接连推出热门游戏,同时还向其他公司学习,模仿雅达利开发自己的卡带电视游戏平台,这也是现在 NS 平台的由来。

1983年7月,任天堂正式推出了首款基于卡带式原理的电视游戏平台,即 FC 游戏机(见图 2-3)。由于其外壳由红白两色组成,因此这款经久不衰的游戏机也被亲切地称为"红白机"。相较于雅达利在 1977 年的产品 2600,FC 游戏机的性能和配置已经在六年间得到了显著提升,而 100 美元左右的售价却要亲民得多。与 FC 游戏机共同上市的还有《大力水手》、《大金刚》及《超级马里奥》等由任天堂出品的经典游戏。

图 2-3　FC 游戏机和游戏卡带

也许连山内溥本人都不曾想到,在 1983 年前家庭游戏主机市场总量尚不超过 300 万台的日本,这款 FC 游戏机一经问世,便在短短两个月内迎来了 47 万台的惊人销量,而这已经是当时任天堂的生产极限。随着首批售出的游戏机因质量瑕疵被山内溥不计损失悉数召回,任天堂的品牌口碑再一次达到了巅峰。在重新上架后,红白机全年的销量突破 300 万台,超额完成了任天堂在年初定下的百万台销售目标。

惊喜总是来得如此突然,但当初摆在雅达利面前的危机也悄然来到山内溥面前。无论是雅达利还是任天堂,兼游戏机研制和游戏开发于一身的跨领域经营必然会导致一对基本矛盾:在飞速增长的市场需求下,过度迟缓的游戏更新频率无疑意味着让游戏主机沦为废铁;但倘若偏重于数量和效率,又难免造成游戏品质的大幅度下滑,这也正是雅达利曾犯下的致命错误。

关乎生死存亡的抉择终于来临了,人们惊讶地发现,已经年近六旬的山内溥似乎仍然是那个第一次走进任天堂时的少年,既拥有敏锐细致的战略眼光,又有在平静中爆发出杀伐决断的魄力。他先后说服了日本拥有独立游戏开发能力的六大软件公司,以一系列严格的合作规则引入了第三方游戏开发机制,而参与开发的公司数量亦随着 FC 游戏机市场份额的增长而不断扩大,在 1985 年增至 17 家。

日后看来,由任天堂单方面拟订的合约在严苛程度上丝毫不逊于任何一纸霸王条款。第三方公司开发的游戏不仅需要接受任天堂审查,还在开发数量上有着每年不超过 5 款的限制。除此之外,游戏卡带的生产及流通环节也都由任天堂一手包揽,并且对游戏的销量概不负责。对于第三方软件公司来说,除了专心开发品质优良的电子游戏,似乎没有更多的选择。

山内溥成功带领任天堂摆脱了雅达利的失败魔咒,FC 游戏机也在 1985 年进入美国市场后迅速成为新的抢购对象。以任天堂为代表的日本游戏厂商已经通过《吃豆人》《大金刚》等游戏初步树立了口碑,加之 FC 游戏机低廉的定价让用户的体验成本降至最低,大批对美国本土电子游戏彻底失望的玩家转至任天堂门下。截至 1986 年年初,这款游戏机在日本市场销量突破千万台的同时,迎来了北美市场销量达到 3300 万台的超预期表现。1986 年,属于任天堂的奇迹仍在继续,本在雅达利衰落后一蹶不振的电子游戏产业由 1 亿美元被重新抬升至 4.3 亿美元,任天堂的全年营收便占据了其四分之三。毫不夸张地说,任天堂拯救了 20 世纪

80年代的游戏市场。

法学专业毕业却在完全陌生的游戏领域操劳半生的山内溥终于松了一口气。他用40年的努力让这家濒临倒闭的骨牌小作坊跃升为手握万亿资产总额的巨型娱乐企业,也为公司日后的成长模式奠定了基调。而事实也的确如此,在1986年后,任天堂签约的第三方厂商紧跟《超级马里奥》的成功步伐,相继推出了多款具有时代意义的电子游戏,如科乐美(KONAMI)公司开发的《魂斗罗》《赤色要塞》,游戏厂商史克威尔(SQUARE)制作的《最终幻想》等。1989年,任天堂已经占领了美国90%和日本95%的市场份额,霸主地位就此奠定。

2.2 赛　　事

2.2.1 玩家自发建立的赛事

20世纪80年代,网络直播还没有出现的时候,如果想要去看一场电子竞技比赛,要么亲身去往线下比赛现场,要么通过电视观看。电子竞技第一次出现在电视屏幕上是在1982年,美国TBS电视台推出了一款名为《星际游乐园》的节目(见图2-4),这也是世界上第一档电子竞技比赛节目,内容是玩家们不断向游戏高分纪录发起挑战。《星际游乐园》一共播出了133集,跨越两年时间,播出期间很受电子游戏玩家的欢迎。

20世纪70~80年代,电子游戏已经在全球各地都拥有了数量可观的玩家。除了大本营北美,欧洲、日本的电子游戏文化也在悄然成型。基于玩家追求胜利的意志和刷新纪录的信念,电子竞技随之流行开来。随着越来越多的玩家参与进来,各种自发组织的比赛也多了起来。1983年,美国电子游戏国家队正式创立,人们开始尝试以战队的名义参加比赛。1985年,一位名叫Billy Mitchell的玩家在《吃豆人》和《大金刚》的比赛中连续六场得到最高分,最终创造了吉尼斯世界纪录。他的壮举将街机游戏这一小众文化介绍给了全世界,使平时不玩游戏的人也开始逐渐关注电子游戏。

图2-4 《星际游乐园》节目截图

不过,那时的游戏都还属于单机游戏,或者只能通过局域网联机对抗。直到1990年,电子游戏网络化实现后,玩家可以通过互联网自由地进行线上游戏和对战,电子竞技行业才迎来了真正的全面发展。

1993年,美国《Wired》杂志评选《Netrek》为"世界第一款在线体育游戏"。《Netrek》是全球第三款网络游戏(见图2-5),它使用Metaseners定位技术打开游戏服务器,每局游戏可以实现16位玩家同台竞技,同时还能保存用户信息。《Netrek》还是第一款互联网团队游戏,是MOBA(多人在线战术竞技)游戏的鼻祖,而MOBA游戏也从此与电子竞技结下了不解之缘。

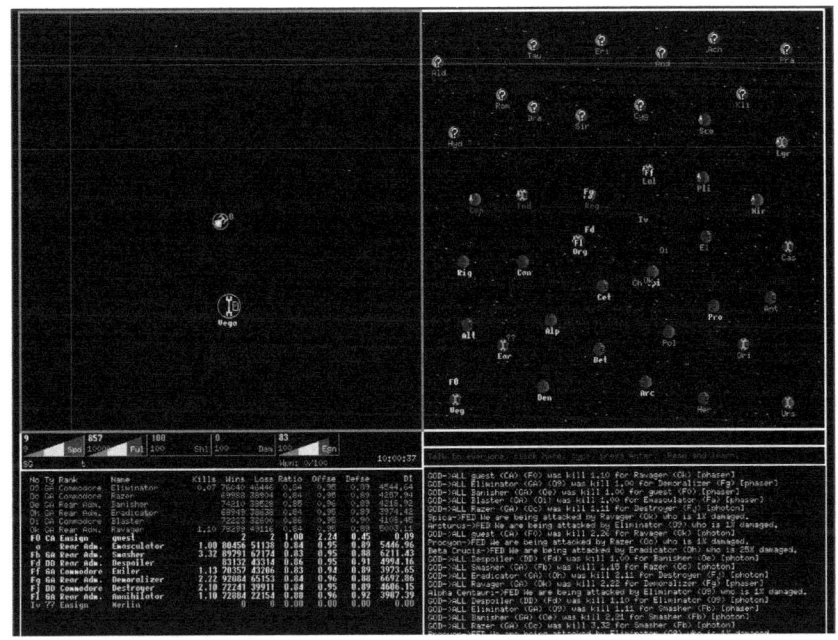

图 2-5 《Netrek》游戏截图

2.2.2 游戏厂商举办的赛事

1. 1990 年,任天堂世界锦标赛

在进军北美市场的过程中,日美两国的文化差异在对待电子游戏的态度中展现出来。不同于以休闲娱乐为主的日本玩家,美国游戏市场中对电子游戏竞技性的渴望让任天堂找到了增强品牌影响力的渠道。1989年,另一部以电子游戏为主题的电影出现在电影荧幕上。在这部名为《小鬼跷家》的电影里,故事的两位主角从《电子游戏争霸赛》中的游戏开发者变成了一对热爱电子游戏的小男孩,他们一路克服种种阻碍,最终如愿参加了"任天堂电玩游戏冠军赛"。历史上第一个正式的电子竞技比赛是 1990 年的任天堂世锦赛,它的诞生正是源于这部电影。

细心的人一定会发现，电影中所出现的游戏全部属于任天堂旗下，甚至作为决赛项目的《超级马里奥 3》在现实中还没有发售。事实上，《小鬼跷家》这部电影正是任天堂为了给《超级马里奥 3》造势而拍摄的一部大型广告宣传片。

虽然电影剧情很俗套，大家也都知道影片实际上是个大型广告，但热闹有趣的电子游戏元素、别出心裁的创意等，吸引了大批观众来贡献票房。最终，《小鬼跷家》取得了不俗的票房成绩（见图 2-6）。从这部电影的火爆就可以看出任天堂在当时北美市场上的霸主地位，以及公司超前的宣传理念和人们对于电子游戏的热情。事实上这也是电子游戏的魅力所在，就算观众本身不是游戏玩家，也很容易被游戏的氛围所感染。

除了宣传自家游戏，任天堂于 1989 年推出的游戏外设"能量手套（Power Glove）"也在电影里有许多镜头。这款产品和现在的 AR 体感设备有些相似，玩家可以通过挥臂结合按键的方式来实现操作。这款产品的概念很好，电影也确实起到了带动其销量的效果，但是由于技术层面的限制，无法实现完全精确地操控，让实际使用体验大打折扣，最终在 1990 年宣布退市。

这部被戏称为史上最长广告的电影显然只是任天堂的一次尝试，而电影中虚构的比赛则在一年之后变成了现实，也就是著名的任天堂世锦赛。1990 年 3 月，任天堂世锦赛在全美 29 座城市展开了预选。作为历史上第一场正式的电子游戏竞技比赛，无门槛的报名机制源源不断地吸引着玩家参与，报名者不乏如"美国电子游戏国家队"等由顶尖玩家组成的战队，亦有结队而来的中小学生混杂在报名队伍中。赛制根据年龄被划分为 11 岁以下、12~18 岁及 18 岁以上三个组别，而在预选赛中脱颖而出的 90 名参赛者即可参加半年后在佛罗里达举办的总决赛（见图 2-7）。

图 2-6　电影《小鬼跷家》

1990 年 9 月的佛罗里达成为了各大媒体和游戏玩家关注的焦点。决赛的竞技项目由任天堂旗下的三款著名游戏组成，在 6 分 21 秒的比赛时长里，参赛者先是在《超级马里奥》中辗转腾挪，朝着吃掉 50 个金币的目标努力，继而驾驶着《Red Racer》里的赛车朝终点冲刺，最终将剩余的时间留给《俄罗斯方块》，获取尽可能高的游戏分数。

图 2-7 杂志《Nintendo Power》对 1990 年世锦赛的宣传

比赛的具体要求是：在《超级马里奥》环节中，玩家拥有 99 条生命，必须拿到 50 个金币才能进入下一个环节，该环节得分在计分时乘以 5，因此需要选手尽可能以最快的速度获取金币；《Red Racer》环节共 99 秒，要求玩家在规定时间内尽可能驶出最远距离，该环节得分在计分时乘以 10；《俄罗斯方块》环节没有限制，只要玩家愿意，可以一直在这个环节中玩到比赛结束，玩家只需要尽可能消除更多的方块拿到高分，该环节得分在计分时乘以 25。

大部分玩家都会选择利用《俄罗斯方块》来获得高分，因为最终分数会有 25 倍的加乘，看起来最占优势。玩家只需要尽可能快地完成前两个环节，然后在第三个环节中刷分，按照正常操作，最终能够获得 30万～50 万分。但是如果你想在一众玩家中脱颖而出，拔得头筹，就需要用一些特殊的小技巧了。

比如，利用《超级马里奥》（见图 2-8）中的隐藏"bug"刷分：当乌龟壳在某个小区域里来回弹射时，玩家在龟壳上不断跳跃，既可以加命又可以快速刷分，不过这很考验玩家的操作水平。另一个更为简单可行的方法是，在《超级马里奥》中集齐 49 个金币，然后通过隐藏地图从关卡 1-2 跳到关卡 3-2，在这一关的地图中有一个可以刷分的特定位置，玩家集齐 8000 分后需要跳下来防止使加分变成加命，然后再跳上去刷分，反复几次后就能拿到很高的分数。

图 2-8 《超级马里奥》游戏截图

这种"歪门邪道"的玩法在官方比赛规则中没有明确被禁止，其实这也算是游戏的一种乐趣吧。

官方规则中有一条有趣的规定，就是在预选赛中，12～17 岁的青少年组的出线分数要比其他两组多 2.5 万分。任天堂美国负责人 Howard Phillips 解释称，这是因为青少年的水平更高，对他们的要求自然也会更高。进入决赛的选手里，年龄最小是 8 岁的小学生，最大是 33 岁的中年人，还有不少父子搭档和夫妻搭档共同参加比赛，给大家带来了许多乐趣。

Jeff Hansen、Thor Aackerlund、Robert Whiteman，3 个年龄组的冠军就这样在长达整整 3 日的比赛后产生，他们赢来的奖品是一尊金色马里奥奖杯、一台 40 寸的背投电视和 1 万美元奖金。人们对于他们三个人到底谁更强众说纷纭。坊间传言，比赛结束后三位冠军私下进行了最终决战，Thor Aackerlund 勇夺冠军。

1990 年的首届任天堂锦标赛之所以被称为传奇，不仅仅是因为比赛期间发生了种种有趣的奇闻逸事，还因为第二届锦标赛直到 25 年后的 2015 年才重新启动。总之，这次锦标赛在世界电子游戏竞技史上书写了浓墨重彩的一笔。

2. 1997 年，世嘉《VR 战士 3》"森永天使杯"世界大赛成为韩国电竞的起点

尽管现在韩国人在世界电子竞技赛场上最擅长是 MOBA 游戏，但实际上韩国电竞的起点是一款名为《VR 战士》的日本街机游戏。尤其是后来的《VR 战士 2》，为韩国带来了第一个国际电子竞技比赛冠军，可见其意义重大。

与日本类似，电子游戏文化进入韩国的时间也是第二次世界大战结束后的经济恢复期。1975 年起，韩国街头就已经陆续出现了街机的身影。1983 年后，随着《太空侵略者》《铁板阵》等热门游戏的出现，韩国街机厅的数量在全国范围内呈现出爆炸式的增长。2003 年全盛期时，韩国共有 25341 家街机厅。

街机版《VR 战士》于 1994 年进入韩国，很快就凭借优秀的画质、犀利的打击感和上佳的代入感俘获了大批韩国青少年的心。1995 年，《VR 战士 2》借着前作的高人气进入韩国市场，一时风头无两，不到一年时间就火遍了整个韩国。韩国街机圈流传着一个神话：每个购入了《VR 战士 2》的街机厅老板，都因为丰厚的收入在一年内换了新的私家车。无论传

言是真是假,都从侧面证明了《VR 战士 2》当年在韩国的超高人气。

热门游戏圈子里自然少不了玩家之间的切磋,《VR 战士 2》的玩家们自发形成了组队 PK 的游戏文化。同一地区的玩家们纷纷组成战队,在当地街机厅进行较量。渐渐地,全国玩家开始互相交流,自发组织的全国性大赛也随之出现了。

2000 年后,互联网时代的到来让《VR 战士 2》比赛更上了一层台阶。自从世嘉面向全球玩家发售了可以网络联机的 Windows 95 版《VR 战士 2》后,网络对战成了更加普遍的竞技模式。街机厅组织的线下竞技赛、杂志社主办的线上竞技赛和玩家自发组织的大小各类赛事,共同培育出了韩国第一批《VR 战士》高级玩家。也许这些玩家并不知道,自己已经具备了世界级的电子竞技实力。

同时,在《VR 战士》的出生地——日本,也同样因为街机游戏的火爆而涌现出了一大批格斗游戏高手,玩家圈子里将《VR 战士》的顶尖玩家称为"铁人"。世嘉公司也培养了一批精英玩家,官方认证为"铁人"。这些玩家和现在的电竞明星十分类似,在世嘉公司的安排下获得了大量的曝光度,这也是世嘉打造明星选手计划的第一步。

1996 年,《VR 战士 3》上市(见图 2-9)。为了实现更好的画面效果,《VR 战士 3》选用了全新的高性能基板,这也导致了采购成本大大增加,使得韩国很少有街机厅可以买得起。此时,另一个格斗游戏《铁拳》问世,于是街机厅老板们纷纷选择了性价比更高的《铁拳》。因此,只有最忠诚的高手玩家留在了《VR 战士》阵营,继续苦练操作技巧。日本的情况正好相反,《VR 战士 3》上市后,各大街机厅纷纷同步引进,全新的操作手感吸引了一大波新玩家"入坑",这些菜鸟玩家的涌入反而打乱了老玩家提升经验的节奏。从此以后,日本与韩国玩家之间的实力差距越来越大。

图 2-9 《VR 战士 3》

1997 年，世嘉公司认为可以进行下一步的造星计划了。他们联合森永食品公司举办了第一届"森永天使杯"世界大赛，召集来自世界各地的《VR 战士》顶尖选手，争夺最终的冠军。当时，世嘉自信满满地认为，日本的"铁人"们一定会包揽前几名，完全没将其他国家的选手放在眼里。谁知比赛开始后，来自韩国的申义旭和赵鹤东一路以横扫千军之势杀进了决赛，将世嘉捧出的电竞明星们全部斩落马下，把决赛变成了韩国"内战"。最终，申义旭在这场"内战"中胜出，成为第一个在国际电竞比赛中夺冠的韩国人。这也是韩国一直持续到今天的电竞王朝时代的开端。

2.3 PC 诞生与普及

2.3.1 1971 年,英特尔 4004 芯片问世

对 PC 发展历史稍有了解的人都知道,4004 芯片是 1971 年由当时英特尔公司的工程师霍夫发明,这标志着世界上第一个被用于商业的微处理器问世(见图 2-10)。4004 的第一个"4"源于客户的产品编号,最后一个"4"则代表这是英特尔公司的第四个定制芯片。后来"4004"这个名称一直被沿用。

图 2-10 4004 微处理器

最开始时,这款芯片被计划用于 Busicom 计算器。Busicom 计算器在设计之初需要搭配 12 个芯片,但是霍夫认为一个通用逻辑的设备才能有更加高效的解决方案。英特尔公司设计好 4004 芯片之后,以六万美元的价格将其微处理器的所有权卖给 Busicom 公司。但意识到芯片的功能就如同大脑一般强大、前景不可限量之后,英特尔公司又以原价收回了其微处理器的所有权,并于 1971 年的 11 月 15 日,以每个 200 美元的售价正式发售。

4004 芯片能执行 45 条指令,而每秒可执行指令数只有 5 万条,

108kHz 的运行速度比起世界上第一台计算机 ENIAC 还略逊一筹。不过，一块重量不到一盎司的 4004 芯片里有 2300 根集成晶体管，可见其集成度之高。4004 芯片被应用于计算机之后，彻底改变了计算机原本庞大的外形。一块 4004 芯片搭配程序储存器、数据储存器、位移寄存器，以及键盘、数码管之后，最原始的微型计算机由此诞生。4004 芯片的发明为实现个人计算机的智能嵌入打下了坚实的基础，同时也让整个 IT 行业向前迈进了一大步。

2.3.2　1981 年，IBM 推出全球第一台个人计算机 5150

1981 年 8 月，IBM 公司推出了售价为 2880 美元的个人计算机 5150。5150 是历史上第一台个人计算机（见图 2-11），这标志着个人计算机的时代悄然降临。

图 2-11　全球第一台个人计算机——IBM 5150

这台 IBM 个人计算机采用了英特尔公司生产的 8088 芯片，内存仅 64KB，但是在当时已经能够提供不错的用户体验了。其存储设备为盒式磁带，还带有两个 160KB 单面软盘驱动器。配备的显示器有单色和彩色可选，但是分辨率都很低。操作系统为微软公司出品的 MS-DOS。

该计算机采用了很多新技术，例如，显示器每列能够显示 80 个字母，键盘能够区分大小写,内存能够扩充。同时,其他厂家只要按照 IBM 的标准生产零部件,就可以与这台计算机兼容。

IBM 5150 是一台特殊的个人计算机,在设计过程中简化了烦琐的流程,一切以实用为准。它的出现,意味着当时非常流行的苹果公司的 Apple II 出现了强有力的竞争者。Apple II 是世界上第一台采用图形界面的微型计算机,内存 4KB,售价为 1300 美元。IBM 5150 上市之后一炮而红,头一个月就获得了高达 24 万台的订单。鉴于 IBM 5150 的成功,IBM 开始大力发展个人计算机业务,其生产的个人计算机也走进了越来越多的普通家庭。从此,IBM 成为个人计算机领域的佼佼者。

2.3.3 1995 年,Windows 95 操作系统发布

在 PC 发烧友的心目中,1995 年是一个令人难忘的年份。1995 年 8 月 24 日,版本号为 4.0 的 Windows 95 正式诞生了,它迥异于之前的版本,无疑是一个重要的里程碑。Windows 95 的图形操作系统十分完整并且同时融合了 32 位程序的执行能力和 16 位程序的兼容性,以及首次出现了至今仍在频繁使用的"开始"按钮。当然,它也支持那些即插即用设备与文件名较长的文件管理系统,还加强了对多媒体和网络的支持。虽然它的独创性稍有不足,但已集合了那个年代所有能够兼容的功能,使得我们能够更加简单直观地使用 PC,这就是它最大的贡献。

微软为了宣传 Windows 95,总花费达 3 亿美元。微软选择了雷蒙德大学的运动场作为 Windows 95 发布会的主会场(见图 2-12)。全球媒体都被这场发布会所吸引,共有 13000 家报纸和 800 家电视台报道了这次盛会,通过卫星直播收看发布会的观众有 7 万多人。一时间,关于 Windows 95 的消息占据了每一份报纸的版面。微软甚至包下了美国的纽约帝国大厦和加拿大的多伦多国家电视塔,将它们用 Windows 95 的海报重新装饰。

图 2-12　Windows 95 发布会现场

很多顾客被这样铺天盖地的宣传诱惑,排起长队购买 Windows 95,尽管很多人并不知道这个东西是什么,甚至有的人连计算机都没有。这样的盛况,如今只能在苹果发布新品时才能见到。发布会之后的 4 天里,微软就卖出了多达 100 万份的 Windows 95。宣传的巨大声势,加之产品本身的优秀属性,使得 Windows 95 成为一款空前成功的操作系统。

由于 Windows 95 表现出了巨大的影响力,中国的计算机用户也非常希望能够使用这款操作系统,一些政府机构和企业用户对 Windows 95 表现出了很大的兴趣,一些软件公司也着手开发基于该系统的软件。1996 年,微软在中国大陆开售 Windows 95 中文版,同时还推出了 Microsoft Office 95 中文标准版和专业版。

2.3.4　早期 PC 电子竞技赛事

1. 1993 年,《毁灭战士》发布

1993 年 10 月 8 日,一场来自互联网的冲击正在发生。

从众多高等学府到英特尔、IBM 等巨型企业,乃至科学家聚集的美国能源部超导对撞机实验室,人们惊讶地发现,早已实现稳定运行的网络似乎在一夜之间濒临崩溃,而素来稳重或理智的同伴们正在计算机前大呼小叫,伴随着呼啸的枪声和屏幕中四处飞溅的血液,与这些疯狂玩家共同作战的则是网络另一端的陌生人,网络之于游戏的边界在此刻被打破。为了让网络恢复正常,大学的计算机管理员甚至编写出了特定程序,用于自动检查并删除这款疯狂的游戏。

这场群体狂欢的"始作俑者"正是 Id Software 在 1993 年推出的游戏《毁灭战士》(见图 2-13)。相较于此前的游戏,这款新作除了在画质和动作流畅程度上更加优秀之外,还具有一个让人难以抵抗的诱惑,也就是以"死亡竞技"为卖点的多人对战模式。

图 2-13 《毁灭战士》:FPS 的雏形

《毁灭战士》刚开始的模样和其他 FPS(第一人称射击)游戏并无太多不同。它的主要情节是魔鬼袭击了一处军事基地,并带来了血腥的屠杀。

设计游戏关卡的工程师一丝不苟地构建出了一个几乎可以乱真的军事基地。但在 Id Software 联合创始人约翰·罗梅洛看来，这样的设置有些太过平庸。因此他开始着手改进，想要得到一张他理想中的游戏地图。

连续工作几天之后，他叫来了同事，向他们展示自己的工作成果：这是一个压抑的游戏场景，在一个空旷的院落里，矗立着一座孤零零的小房子；远处的天空和山峰都是暗紫色的；房间里灯光闪烁，在漆黑的角落里，突然窜出一群恶魔和怪物，对着屏幕直冲过来。

玩家扮演的星际陆战队员面对潮水般涌来的恶魔，唯一的选择只有不断开火。随着枪声响起，恶魔们血肉模糊的尸体纷纷倒下。这种暴力和血腥的风格也许源自 Id Software 独特的文化氛围，它位于美国得克萨斯州，以牛仔和枪支闻名的西部世界。

在游戏公开发售后，疯狂涌入的玩家一度造成服务器宕机和网络瘫痪。问世不到两年，《毁灭战士》便已拥有了超过 1500 万玩家，他们中的许多人都成了计算机与游戏开发行业的中流砥柱，而这款游戏则是一个时代的共同回忆。1994 年，美国互动艺术与科学学会（AIAS）将"年度最佳动作/冒险类游戏奖"颁发给了《毁灭战士》，而 Id Software 的另一个创始人，被称为"FPS 之父"的约翰·卡马克，此时刚满 24 岁。

历史上第一款具有多人对战功能的 FPS 类游戏就这样以奇迹般的方式成了电子游戏发展史上的一个经典片段。诸如《使命召唤》《反恐精英》等一众热门游戏都建立在它的基础之上。这款风靡一时的游戏还以某种意料之外的形式对电子游戏造成了两个重要影响：其一是它基于互联网开放精神公布的游戏源代码催生了游戏模组（MOD）文化，即游戏爱好者可自行对游戏中的角色、武器、情节等因素进行增强或删改，著名游戏《反恐精英》和《刀塔》最初就来自于玩家制作的游戏模组；其二则是公众对游戏血腥程度的争议，过多的暴力情节和亵渎宗教让《毁灭战士》饱受批评,继而引发了电子游戏是否会助长枪杀案件泛滥的争论。此类争论在此后近二十年的时间里不断发酵。

2. 1995 年,微软召开 Deathmatch'95

因为《毁灭战士》一经推出就大获成功,于是在 1994 年,Id Software 推出了续作《毁灭战士 2》(见图 2-14),并再次取得不俗的销售成绩。在美洲和欧洲市场,《毁灭战士 2》的销售额达到了 1 亿美元,要知道,这是 1994 年的销售数据。

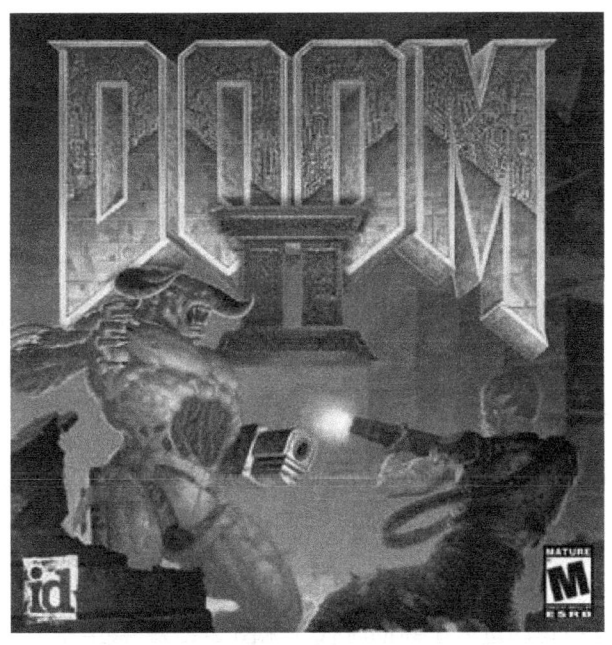

图 2-14 《毁灭战士 2》

一年之后,微软推出了全新的操作系统 Windows 95,并大获成功。在为 Windows 95 宣传期间,微软举办了 Deathmatch'95。这一比赛又被称作"审判日 Deathmatch'95",是世界上第一个大型线下游戏比赛,而比赛的主要竞技项目,自然是当时的大热游戏——《毁灭战士 2》。

影响了几代电竞选手的大神级玩家 Thresh 当时只有 18 岁,还是一个年轻的游戏迷,他报名参加了 Deathmatch'95,从此开始书写自己的传说。后来他回忆这场比赛时说,在整个电子竞技历史上,Deathmatch'95 都是数一数二的大型比赛。比赛地点位于微软总部,吸引了相当多有实力的选手参加。而众所周知的是,微软非常喜欢隆重的场面。能参加这次比赛,对玩家来说是十分有趣的经历。

当时,Thresh 在国内已经鲜有敌手,所以被视为冠军的有力竞争者。同时还有一位名为 Merlock 的选手也很被看好。两人在半决赛就相遇了,就好像是决赛提前上演。Thresh 击败了 Merlock,成功晋级决赛。这个场景令许多人大呼过瘾。Thresh 毫无意外地夺得了冠军,奖品是价值超过 1 万美元的计算机。

3. 大型第三方赛事迅速发展

1997 年,通过局域网进行的各项比赛开始设立丰厚的奖品或奖金,游戏厂商开始面向玩家征集建议,并且开发出了选手排行榜系统,各路媒体也开始关注游戏产业。从这一年开始,游戏产业开始迅速发展。这一年中有三场重大赛事。

1997 年 5 月,美国举办了一场全国性的电子游戏——《雷神之锤·赤色全歼》比赛。比赛开始前,Id Software 的创始人之一 John Carmack 宣称将把自己的一辆法拉利跑车作为奖品送给此次比赛的冠军,这标志着现代电子竞技运动进入了新的时代(见图 2-15)。甚至从概念上来讲,John Carmack 的举动已经为此后的电竞比赛提供了新的思路。

本次比赛首先在 Mplayer 上举办,来自美国各地的 2000 多名选手进行了一对一的在线比赛。排名前 16 位的顶级选手由大赛组委会提供所有参赛费用,飞往佐治亚州亚特兰大,参加 6 月 19 至 21 日在电子娱乐博览会(E3)举办的总决赛。

图 2-15 将法拉利跑车作为电竞比赛奖励

在总决赛上，Thresh 以 14∶1 的大比分差距战胜了对手，获得了那辆法拉利跑车，以及比赛的奖杯。Thresh 的这次胜利在电子竞技史上具有重要的意义，他在比赛中用右手控制鼠标、左手控制 WASD 键的习惯从此逐渐成为 FPS 类游戏的主流设置。

这一年，线上的比赛发展得相当迅猛，ClanRing T3 成了当时最受欢迎的线上 QuakeWorld 赛事。其中，Death Row 和 Unforgiven 是最有名的两支战队，他们由大赛组委会提供所有参赛费用，飞往加州，参加在 Slamsite 举办的总决赛。

在 ClanRing 的前几个赛季中，Death Row 和 Unforgiven 都曾有过出色的表现，也曾经交手，只不过当时他们的名字还是 Impulse9 和 Legends。

在 1997 年之前，由 Ops of EFnet's #Quake IRC 频道设立的 QuakeCon 比赛还只是一个初具规模的小型赛事，而且，为了设立这项赛事，主办方与 Id Software 的游戏开发商们进行了很长时间的交涉。到了 1997 年，这场赛事迅速发展起来，并且举办了当时参赛选手最多、规模最大的

QuakeWorld 联赛。在最终的总决赛上,RiX 击败对手,获得了冠军及价值三千美元的硬件奖品,亚军和季军分别为 Forego 和 Grayson。

2.4 国内状态

2.4.1 经济环境

1. 第一家网吧与中关村电子卖场的出现

20 世纪 90 年代后期,互联网在中国逐渐得到了广泛应用。这一时期,计算机仍然属于奢侈品,不是普通家庭可以消费得起的。在这样的背景下,网吧应运而生。

中国第一家网吧诞生在上海。1996 年 5 月,一家名为"威盖特"的网吧开业了,在这里上网一小时需要花费 40 元,实属天价。当时我国居民的平均月工资大约为 500 元,可以在威盖特消费一个白天。

1996 年 11 月 2 日,北京首都体育馆西门外,实华开网络咖啡屋正式开业。这是第一家把网络和休闲咖啡的概念结合起来的网吧,为后来者提供了一个良好的范本。从此之后,网吧日益兴起。

中关村位于北京市海淀区,原本只是一个普通的小村子。1983 年,北京华夏新技术开发研究所在中关村成立,成为首家民办科技机构。从这之后,又有一批电子科技行业的民办企业在中关村开业。到了第二年,中关村电子一条街已经初具规模。这里最早是小商小贩的聚集地,在此倒卖各种电子元件。随着计算机行业的发展,有商家开始销售计算机整机和软件。

1988 年 5 月,北京市高新技术产业开发试验区在中关村挂牌成立。1999 年,该试验区更名为中关村科技园区。政府十分关心中关村科技园区的建设，希望这里能够引导中国电子科技行业的创新发展，形成国际影响力。

1999年，中关村又诞生了一批现代化电子卖场，其中的佼佼者为太平洋电脑城。自此，中关村逐渐摆脱了过去奸商云集的不良形象，走上了规模化发展的道路。中关村电子卖场就是从这时开始逐渐形成的。

2. 多媒体课程的普及，个人计算机开始走进千家万户

从20世纪80年代开始，一些实力雄厚的院校采购了一批计算机，设立了计算机课程，在校园里普及计算机知识。这些课程涵盖了从入门到专业的各个阶段，从基础的打字练习，到Basic语言编程。这一时期，很多大学里的计算机专业学生受聘成为中高校计算机教师。

很多"80后"的计算机记忆，都始于小霸王学习机和步步高学习机等。这些学习机虽然功能简单，但是培养了孩子们的基本功，使他们具备了一定的计算机知识和技能，为日后更好地使用计算机打下了基础。可以说，在学习机上学会的操作，占到了个人计算机应用所用操作的70%以上。学习机的普及，在一定程度上带动了家庭计算机的发展。如今的很多IT从业者，都有使用学习机的经历。

进入20世纪90年代，计算机开始在我国高速发展。这个时期的代表就是"X86计算机"，对于"80后"来说，从286计算机一直到586计算机，都是儿时的闪亮记忆。当时仍然只有很少一部分家庭有财力购买计算机，但是各种关于计算机的资讯却越来越多，人们从中直观感受到了科技的飞速发展。这一时期，出现了专门的计算机书刊和杂志。与此同时，路边摊上也出现了一批销售盗版软件的商贩。

多媒体概念就这样出现了。很多学校都建立了多媒体教室，教学从枯燥的板书变成了视频、图片和音频的结合。虽然这时的多媒体课程仍然处于试验阶段，每周只有一两节课，但是仍然备受学生们的欢迎（见

图 2-16)。对于见证了多媒体教学发展的"80 后"来说,这是一个巨大的变革。

图 2-16 早期多媒体课程

2.4.2 政策条件

1. 1984 年,"计算机普及要从娃娃抓起"

1978 年 3 月召开的全国科学大会上,邓小平提出"科学技术是生产力",认为要实现国家的现代化,必须走发展科技的道路。

青少年是祖国的希望,未来的科技发展都要由青少年来实现。在这样的高瞻远瞩之下,邓小平于 1984 年 2 月在上海考察时提出:"计算机普及要从娃娃抓起。"当时的中国还没有多少人听说过计算机,这样的口号显示出了巨大的魄力和非凡的眼界。

2. "863 计划"

1983 年 3 月,美国提出了"星球大战"计划,开始大规模发展高科技。在美国的带动下,欧洲国家提出了"尤里卡计划",日本也发表了"今后 10 年科学技术振兴政策"。科技浪潮席卷全球，各国高新产业竞争越发激烈。在这样的国际背景下，我国也提出了自己的"高技术研究发展计划"，也就是"863 计划"（见图 2-17）。这一计划的宗旨是提高我国的科技创新能力，把科技发展提高到国家战略层面，重点发展前沿技术，形成高新产业集权，实现高科技的规模化应用，引领未来的科技发展潮流。

图 2-17　863 计划 LOGO

"863 计划"着眼于国际科技发展的总体趋势，结合我国自身的实际需求，提出了"有限目标，突出重点"的方针。在这一方针指导下，"863 计划"初期主要涵盖了生物技术、航天技术、信息技术、激光技术、自动化技术、能源技术和新材料技术 7 个高技术领域，后来又加入了海洋技术领域。"863 计划"的总体目标是集中优势力量，在以上几个领域全力追赶发达国家，加快高新技术的更新迭代，并且带动相关学科共同发展。在这个过程中，要培养一批技术人才，为日后的高科技行业形成人才储备。争取在 20 世纪末至 21 世纪初，使中国的科技水平实现跨越式发展，提高社会发展水平，实现国防现代化。为了达到这一目标，国家为"863 计划"投入了巨额资金。

"863计划"不但实现了科技的长足发展,也使人民的生活水平得以提高。一批电子企业在政策扶持下获得了空前的机会。这些企业通过对外交流,吸纳了国际领先的人才和技术,迅速发展壮大。可以说,正是"863计划"的推出,才让电子行业得以一日千里地向前发展。

2.4.3 科技基础

1. 1984年,新技术发展公司成立

1984年11月,中科院计算所投资20万元,创办了全民所有制的中国科学院计算技术研究所新技术发展公司(简称"计算所公司",也就是联想集团的前身,见图2-18)。

图2-18 新技术发展公司早期办公地

新技术发展公司刚成立时,主要业务是商品贸易。为了实现盈利,公司不但销售电子产品,也售卖服装和小家电等。到了1985年,公司开始在中国境内代理IBM的个人计算机业务。这时的IBM是一家傲慢的

巨型跨国公司，以至于在与 IBM 谈判期间连一个副总裁都没见过。通过代理 IBM，新技术发展公司得以存活下来，并不断发展。20 年之后，联想集团收购了 IBM 个人计算机业务。

1986 年，联想式汉卡诞生。在该产品即将设计成型时"落户"新技术发展公司。完整的联想汉卡系统拥有 8 个软件版本、6 个不同型号，可以应用于各个领域。因为联想这个名字十分耀眼，新技术发展公司便更名为联想。1988 年 6 月 23 日，联想电脑有限公司在香港成立。

2. 1987 年，长城 286 计算机问世

1982 年 2 月 1 日，英特尔公司发布的 80286 处理器是一款 X86 系列 CPU，官方名称为 iAPX 286，也就是人们常说的"80286 处理器"。20 世纪 80 年代中期到 90 年代初的 IBM 微型计算机基本都使用了 80286 处理器，因此被称为"80286 计算机"或"286 计算机"，或者简称为"80286"或"286"。

1987 年 5 月 27 日，中国计算机发展（深圳）公司在深圳市工商局登记注册，并于 7 月在北京、天津、上海、成都、长沙、深圳六座城市同时发布长城 286 高级微机系统。PC 机就这样正式进入了中国普通老百姓的家庭中，"286"的时代开始了（见图 2-19）。

与此同时，长城于 1987 年研发出了中国第一台自主知识产权的 14 英寸 CRT 显示器 GW100，中国的民族 IT 产业开始踏上了征途。

3. 1987 年，中国首次实现与国外计算机联网

1982 年，世界银行中国大学发展计划项目拨款 2 亿美元，将 19 台德国西门子 BS2000 大型计算机进口中国，北京计算机应用研究所（ICA）得到了其中一台。从 1983 年开始，ICA 的王运丰教授与德国卡尔斯鲁厄大学计算机科学系的维纳·措恩教授合作组织中国西门子计算机用户研

讨会，作为该项目的一部分。

图 2-19　长城 286 计算机

1984 年 8 月 2 日，维纳·措恩带领的德国课题组实现了与美国 CSNET 的连接，并且成功地从德国发出了第一封电子邮件。维纳·措恩因此获得了"德国互联网先驱"的称号。

1987 年 9 月，维纳·措恩来到北京，参加第三届 CASCO 研讨会。9 月 4 日到 14 日，措恩的团队和中国的研究小组克服了种种技术问题，为 ICA 建立了西门子 7760/BS2000 计算机操作系统所需的通信协议，并且安装了通信设备，为中德之间的邮件通信打下了基础。

1987 年 9 月 14 日，中德联合小组共同起草了一封德英双语电子邮件，标题为 *"This is the First Electronic Mail from China to Germany*（这是从中国到德国的第一封电子邮件）"，内容为 "Across the Great Wall we can reach every corner in the world.（越过长城，走向世界）"。这封邮件由

维纳·措恩教授与王运丰教授共同签署，同时列出了中德双方 11 位工作人员的名字（见图 2-20）。

```
Received: from unikal by iraull.germany.csnet id aa21216; 20 Sep 87 17:36 MET
Received: from Peking by unikal; Sun, 20 Sep 87 16:55 (MET dst)
Date:      Mon, 14 Sep 87 21:07 China Time
From:      Mail Administration for China <MAIL@zel>
To:        Zorn@germany, Rotert@germany, Wacker@germany, Finken@unikal
CC:        lhl@parmesan.wisc.edu, farber@udel.edu,
           jennings+irlean.bitnet@germany, cic+relay.cs.net@germany, Wang@zel,
           RELI@zel
Subject:   First Electronic Mail from China to Germany
Status:    RO
Content-Length: 1023
Lines: 17

"Ueber die Grosse Mauer erreichen wie alle Ecken der Welt"
"Across the Great Wall we can reach every corner in the world"
Dies ist die erste ELECTRONIC MAIL, die von China aus ueber Rechnerkopplung
in die internationalen Wissenschaftsnetze geschickt wird.
This is the first ELECTRONIC MAIL supposed to be sent from China into the
international scientific networks via computer interconnection between
Beijing and Karlsruhe, West Germany (using CSNET/PMDF BS2000 Version).
      University of Karlsruhe              Institute for Computer Application of
     -Informatik Rechnerabteilung-         State Commission of Machine Industry
              (IRA)                                     (ICA)
     Prof. Werner Zorn                     Prof. Wang Yuen Fung
     Michael Finken                        Dr. Li Cheng Chiung
     Stefan Paulisch                       Qiu Lei Nan
     Michael Rotert                        Ruan Ren Cheng
     Gerhard Wacker                        Wei Bao Xian
     Hans Lackner                          Zhu Jiang
                                           Zhao Li Hua
```

图 2-20　中国发出的第一封电子邮件

这封邮件发送后，却因为 CSNET 邮件服务器上 PMDF 协议中的一个漏洞而被延迟，直到 9 月 20 日，邮件终于抵达了德国的卡尔斯鲁厄。中国从此开始了与世界的网络交流。

4. 1990 年 11 月 28 日，中国正式在 SRI-NIC 注册登记了中国顶级域名".CN"

中国互联网最初的建立，源于钱天白教授作出的巨大贡献。钱天白曾先后担任亚太地区 Internet 协会中国组副主席、中国互联网络信息中心工作委员会副主任等职位，有着"中国互联网之父"的称号。

1990年10月,钱天白教授作为中国代表,在国际互联网络域名分配管理中心正式注册登记了我国的顶级域名".CN",并且建立了我国第一台.CN域名的服务器(见图2-21)。因为当时中国还没有全功能连接国际互联网,所以,这台域名服务器是在德国卡尔斯鲁厄大学建立的。但这意味着中国的互联网已经具备了国际互联网上的身份标志。

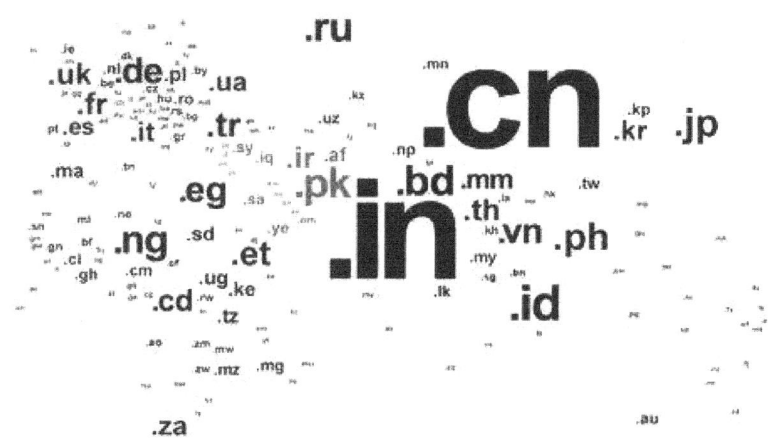

图2-21 中国顶级域名".CN"

为了尽快建立起中国的域名体系,中国科学院计算机网络信息中心于1993年4月召集了北京的诸多网络专家对世界各地的域名体系进行了调查研究,为中国的域名体系制定了初步的方案。

1994年5月21日,中国科学院计算机网络信息中心在钱天白教授和德国卡尔斯鲁厄大学的帮助下,在国内建立了中国国家.CN顶级域名服务器,由钱天白担任.CN域名的管理联络员,由钱华林担任该域名的技术联络员。从此,.CN顶级域名服务器终于结束了寄人篱下的生涯,回到了祖国的怀抱。

中国互联网用户注册.CN域名,是由中国科学院计算机网络信息中心提供服务的。同时,该中心还可以在互联网上设置各种服务器,为中国的互联网用户提供多种服务。

5. 1994年4月20日，NCFC工程连入互联网的64K国际专线开通

1994年4月20日，这个日子在中国互联网发展史上有着重大的意义：中国人终于连上互联网了。

这一天，中关村地区教育与科研示范网络工程（简称"NCFC"）通过美国Sprint公司连入互联网的64K国际专线开通，这条国际专线是经由北京三元桥的国际通信局租用卫星，直接与美国洛杉矶连线，再通过电缆，从洛杉矶连接到斯坦福大学的SLAC计算中心。这条专线是花了很多年的时间才争取到的，也是我国最早的国际互联网络。虽然64K的上网速度相当慢，但首次接触互联网依然让人们兴奋不已。由此，中国成了第七十七个全功能接入国际互联网的国家，得到了国际认可。从这一天开始，中国正式进入了互联网时代。

6. 技术上仍然受制于人，但是网络已经走向世界

步入20世纪90年代，我国对电子行业投入的研发经费依然不够充足，除了1993年之前的几年，由于国际封锁给国内带来了一些压力，R&D/GDP略高于0.70%，到了1995年和1996年，R&D/GDP再次跌落至0.60%。

1995年，国内第一台具有大规模并行处理机（MPP）结构的并行机曙光1000诞生。曙光1000由国家智能机中心研究并推出，含有36个处理机，每秒的浮点运算次数最高可以达到25亿次，而每秒10亿次浮点运算就可以称得上是高性能了。

1995年3月，中国科学院运用IP/X.25技术，对上海分院、合肥分院、武汉分院和南京分院进行了远程连接，这便是互联网扩展至全国各地的起点。

1996年12月,中国公众多媒体通信网(即"169网")开通,这意味着国内的普通老百姓都可以上网了。

1997年,国防科技大学成功研制出了银河-III百亿次并行巨型计算机系统,这一系统采用可扩展分布共享存储并行处理体系结构,含有超过130个处理结点,每秒的浮点运算次数最高可以达到130亿次。在20世纪90年代中期,这一系统的性能已经达到了国际先进水平。

总体而言,此时国内的高性能计算机依然是借用外国的技术,没有完全实现国产化。但是,网络的发展,开始为国人打开了一片新的天地。

思考题

1. 任天堂是如何摆脱了雅达利曾经面临的困难而突围成功的?

2. 日本电子游戏的发展,与后来日本的动漫、影视等文化市场之间存在什么样的关联?

3. 互联网对电子游戏的发展起到了什么作用?是否改变了电子游戏的定义?

4. 比较美日之间的文化差异,分析说明为什么任天堂的游戏能在美国取得巨大成功?

5. 分析说明政策和科技分别为中国的电子游戏发展起到了什么样的作用。

第三章 兴起（1998—2000）

3.1 背　　景

3.1.1 硬件设备

1. 1993 年，奔腾发布

英特尔（Intel）公司在 1993 年发布了一款中央处理器，并命名为奔腾（Pentium）。如果按照以往的命名方式，这款中央处理器应该叫做"80586"。但是，由于数字"586"不符合注册商标的规定，因此没有注册成功。于是谁都可以自由使用"586"这个名称，而不仅仅是英特尔。这在一定程度上给市场竞争带来了干扰，甚至有公司用"486"等级的产品冒充"586"销售。为了避免这种恶性竞争带来的不良影响，英特尔特地为新产品注册了一个新商标，即"Pentium"（见图 3-1）。

图 3-1　世界上第一款中央处理器——奔腾

英特尔推出奔腾处理器之后，产生了良好的市场反响。"奔腾"这个名字也因为不断在漫画和电视节目中出现而被人熟知。奔腾处理器是 X86 系列最大的革新成果，其核心有 320 万个晶体管，并采用了 0.60 微米的工艺技术制造。晶体管数量的大幅提高让处理器的运算性能变得更强，同时处理器的工作电压也突破性地降低至 3.3V。

但是，第一代奔腾处理器刚上市时被发现存在浮点数除法不正确的"bug（FDIV Bug）"，所以英特尔不得不大量回收已经出售的产品。所以，市场上存在 FDIV Bug 的奔腾处理器并不多见。虽然奔腾 50MHz 也存在同样的问题，不过，这款产品没有被大批量地生产，而只是作为业界的一个样本。

奔腾处理器从推出至今已经有二十几年了，但其在 PC 领域的影响依旧深远。不管时代如何变化，"奔腾"这个名字依然被使用着。

2. 1994 年，3Dlabs 的 GLINT 300SX 开启了 3D 显示时代

1994 年 4 月，3Dlabs 公司推出了 PC 领域最早的 3D 硬件加速图形芯片——GLINT 300SX（见图 3-2）。这款芯片可支持 Gouraud Shading（高氏着色）、Depth Buffering（深度缓冲）、Anti-aliasing（抗锯齿处理）、Alpha Blending（阿尔法混合）等多种效果。虽然以现在的眼光来看，GLINT 300SX 并不完美，甚至可以说是简陋，但正是它开启了计算机 3D 显示时代的大门。

当时，S3 VIRGE 和 ATI 3D RAGE 是市场上的主流。通过对比可以发现，S3 VIRGE 的整体性能相对更有优势；ATI 3D RAGE 则可以说是当时 3D 性能最全面的图形芯片，能对光源进行处理。除此之外还有 Mystique，其 3D 性能也较为出色，但价格十分昂贵，整体评价与前面介绍的两款相比稍显逊色。而 3Dlabs 发布的 Permedia，虽优化了 3D 方面的性能，但 2D 性能却不尽如人意。

图 3-2 GLINT 300SX

那时配有高端处理器的计算机,利用软件来为计算机加速的效果比用硬件更明显,所以有些人就戏称"图形加速卡"为"图形减速卡"。这种情况一直到 1995 年 11 月 3Dfx 公司的新产品——Voodoo 面世才得到改善。

Voodoo 强大的性能令人叹为观止:支持硬件雾化、Specular Hilight(镜面高光)、Color-Key-Transparency(色键透明处理)、Alpha Transparency(阿尔法透明处理)、Bi-Linear filtering(双线性过滤)、Tri-Linear Filtering(三线性过滤)、MIPMAP Linear(贴图过滤)、Dithering(抖动处理)、Perspective Correction(透视校正)、Animated Texturing(动画贴图)、Anti-aliasing(抗锯齿)、Gouraud Modulation(高氏调节)及 Sub-pixel Correction(次级像素矫正)等许多之前难以想象的 3D 效果,使 PC 的 3D 处理能力得到了极大提升。据说,使用这款显卡可以实现的像素填充率达到了 45MPixel/s。按照当时的条件和技

术,能达到这样的效果确实令人匪夷所思。可以确定的是,Voodoo 让 PC 的 3D 效果可以与街机相媲美,能让人们真正感受到 3D 世界的魅力。1996 年,15 个曾为 Voodoo 做过优化的游戏在 E3 大展上展出。绚烂的画面、流畅的游戏体验震撼了所有在场的游戏玩家。Voodoo 的出现,意味着 3D 时代已然来临。

除了硬件性能让人震撼之外,Voodoo 的软件支持性能也十分强大。Voodoo 对所有主要的 3D 接口程序都能兼容,而且还有专用的 3D API——Glide。因此,Voodoo 也被认为是当时最棒的 3D 接口程序。优秀的性能表现,加上简单的操作和良好的稳定性,让 Voodoo 轻而易举地打败了所有竞争对手,成为厂商们的新宠。另一方面,Voodoo 在设计之初就曾专门对 Direct3D 进行优化,因此也可以说,是 Voodoo 让 Direct3D 变得世人皆知的。

3. PC 游戏从 2D 时代到 3D 时代

Voodoo 给玩家们带来了全新的体验,让他们真正感受到了 PC 端的 3D 游戏环境。这让 Voodoo 在市场上广受欢迎,甚至出现供不应求的现象。PC 游戏也真正开始进入 3D 时代。随后,Voodoo 被视为游戏显卡的代称。Voodoo 的成功吸引了很多板卡制造厂商的注意,他们纷纷转战 3D 行业,企图一起瓜分这块市场大蛋糕。

3.1.2 时代背景

1. 1998 年,金融危机

20 世纪 80 年代末到 90 年代初,美国经济处于低迷时期。与此形成强烈对比的是,马来西亚、韩国、泰国等东南亚地区多个国家的经济却出现了高速增长。大量的国际资本趁机注入东南亚地区,使上述国家的外债规模出现大幅上升的情况。许多中短期外债进军房地产领域。众所周知的是，房地产业投机现象严重，因此资产泡沫不断膨胀。而在汇率政策方面，这些国家虽然扩大了金融自由化程度，并取消了资本管制的政策，但与此同时，这些国家却依然使用固定汇率，这给国际投机资本们提供了极大的便利。

进入20世纪90年代中期，美国逐渐走出经济低迷的状态。美联储为了应对通货膨胀带来的风险将利率提高，美元又开始变得强势。而实行固定汇率的东南亚地区的国家，不得不将本国货币升值，这直接削弱了出口竞争力。1996年前后，东南亚各国的出口数量明显下降；1997年，泰铢、韩元等成为国际投机资本主要攻击的对象。大量资本的流出让各国放弃了固定汇率制度，货币竞相贬值。随之而来的是股市遭受重创、房地产泡沫破裂，许多金融机构和企业相继宣告破产。

受此次金融危机影响最大的是韩国。一开始，韩国的外汇危机引发了资本外逃，使企业的财务危机及银行业危机同时爆发，最终造成了全面的经济危机。从1992年到1996年，韩国外债的年均增长速度达到了27%。1996年，韩国的外债累计达到1633亿美元，其中包括1000多亿美元的中短期外债。而韩国政府同期只持有332.4亿美元的外汇储备，其中包括294.2亿美元的可用外汇储备。也就是说，韩国的短期外债达到外汇储备的3倍之多。1996年，韩国的半导体等出口产品大幅度跌价，令韩国的经常账户迅速恶化，贸易赤字比例急剧上升，达到GDP的4%。另外，由于金融机构的风险管理水平不过关，当年企业贷款的不良率竟然达到22%。1997年，韩国有8家大财阀经营难以为继，纷纷破产倒闭，这无疑又增加了金融机构的不良资产。同年七八月，东南亚地区的多个国家都发生了外汇危机导致信用评级下降，国外投资者们见此状况纷纷撤离资金。同年十一月底，韩国的外汇储备只有244亿美元，可用外汇储备只有72.6亿美元。因此，同年十二月，韩国与国际货币基金组织（IMF）达成改革开放的协议，以此换取IMF的救助。

2. 金融危机后，韩国政府开始扶持电子竞技行业

金融危机让韩国的 GDP 出现了负增长，同时也让他们意识到问题的根源在于国家经济产业结构的不合理。长期以来，韩国的国民经济都是靠出口产业来支撑的，这意味着世界经济的环境变化会对韩国经济造成非常大的影响。在度过金融危机的艰难时期之后，韩国政府吸取教训，开始努力对经济产业结构进行彻底改革。于是，类似电子竞技这样不被资源、土地等因素制约的新兴产业开始展现出强大的生命力。

当时，互联网已经进入日新月异的飞速发展时期，网络开始普及。不断提高的网速和日益降低的网费，让那些在金融危机中失业的年轻人开始尝试通过游戏来进行娱乐消遣。得益于此，韩国的网吧产业在这一阶段得到了前所未有的发展。这为电子竞技行业日后的成长打下了良好的基础。很快，韩国政府就尝到了电子竞技行业带来的好处。因为有着巨大的利润且不依赖资源，包括电子竞技在内的一批新兴产业成为韩国政府重点扶持的对象。韩国的电子竞技行业也因此开始繁荣昌盛。

3.2 游 戏

3.2.1 《星际争霸》

1. 游戏介绍

《星际争霸》是一款即时战略游戏，游戏虚构了 26 世纪初期，位于银河系中心的三个种族在克普鲁星际空间中争夺霸权的故事。三个种族分别是：地球人的后裔人族（Terran）、一种进化迅速的生物群体虫族（Zerg），以及一支拥有高度文明并具有心灵力量的远古种族神族（Protoss）。

"《星际争霸》是上帝借暴雪的设计师给予玩家们的礼物"，曾有忠实

玩家如是说。其实这句话名不副实,因为它最初不过是一款用来填补1996年被暴雪娱乐公司收购的 Condor Games(后更名为"暴雪北方")所发行的《暗黑破坏神》的发行周期空白的游戏。

这是《星际争霸》系列游戏的第一部作品,于1998年3月31日正式发行,虽备受好评,但在人们心目中无异于"太空版"《魔兽》。之后由于游戏名声日隆,公司才不得不对其重新加以考量,在为其开发专用引擎、美术等的基础上,还对其进行全面更新升级,使其改头换面,成为一款全新的游戏,也使玩家对其怀有极大期望。

《星际争霸》将跌落低谷的 RTS 游戏重新送上巅峰,并在之后十余年的时间里,受到了全球玩家的追捧并打造了独具特色的电竞文化。它还在韩国取得了百万套的超高销量,这似乎暗示着日后韩国电竞在行业中必将拥有极高的地位。

《星际争霸》提供了一个游戏战场,玩家们在战场上进行对抗。这也是该游戏及所有 RTS 游戏的核心内容。在这个游戏战场中,玩家可以操纵任何一个种族,在特定的地图上采集资源,生产兵力,并摧毁对手的所有建筑来取得胜利。游戏还为玩家提供了多人对战模式。

由于初期准备不够完善,在很长一段时间内,暴雪都在更新各种补丁来对游戏中出现的不同问题加以修补。即便如此,它仍旧是当时最出色的 RTS 游戏。并因其超高的人气,成功走上了迅速发展的快车道。也正是因为其不可遏制的发展之势,公司也对其向着利于电竞的方向不断地加以完善,诸如平衡性改动和 Replay 功能等,使其远远领先于同一时期其他的 RTS 游戏。

2. 研发历程、销量和历史意义

1995年,暴雪凭借着《魔兽争霸》和《魔兽争霸2》两款游戏成功奠定了在玩家心目中殿堂级游戏厂商的地位,其中《魔兽争霸2》(见

图 3-3)更是创下了百万套销量,成为暴雪旗下第一款白金级游戏,也是当时唯一一款能和《命令与征服》抗衡的 RTS 游戏。

图 3-3 《魔兽争霸 2》宣传图

《魔兽争霸 2》取得成功后,暴雪并没有止步不前。开发人员不断探索 RTS 游戏领域新的可能性,《星际争霸》就是在这个时候诞生的。与《魔兽争霸》系列的奇幻风格不同,《星际争霸》选择了截然不同的科幻背景,同时为玩家提供了三个可选阵营,增加了可玩性。由于《魔兽争霸 2》的开发时间不到一年,暴雪因此计划在 1996 年年末发售《星际争霸》。但是计划永远赶不上变化,暴雪为开发《暗黑破坏神》投入了大量的物力和人力,众多原本属于《星际争霸》项目组的开发人员都被抽调到《暗黑破坏神》项目组,以至于 1996 年的 E3 大展上只能以《魔兽争霸 2》的素材制作了一个简陋的《星际争霸》演示版。

这一演示版的《星际争霸》更像是《魔兽争霸 2》的拙劣翻版,日后我们熟知的《星际争霸》中那些为人称道的经典设计,在这一版本中都没有体现出来。面对这样一个毫无诚意的"太空版《魔兽争霸》",玩家们自然不会买账。相比之下,同年 E3 大展上 Eidos 离子风暴工作室曝光的 RTS 游戏——《统治:Gift 3 星球风暴》,其创新性的斜 45°视角更是让《星际争霸》看起来毫无吸引力。

直到 1996 年《暗黑破坏神》正式发售后,情况才迎来了转变。这一跨时代的游戏一经上市,销量就迅速突破百万套。暴雪在享受成功的同时,重新将工作重心放回了《星际争霸》的研发上。显然,开发人员对于之前的演示版本并不满意,他们决定从零开始制作。

很快就到了 1997 年年初,全新的《星际争霸》初见雏形。与演示版不同的是,新制作的《星际争霸》同样采用了斜 45°视角,兵种设计上也有许多改动,从而与《魔兽争霸》彻底区分开来。在开发过程中,开发人员还为《星际争霸》设计了全新的引擎,将游戏质量提升了一个高度。这时的《星际争霸》已经和我们所见到的正式版区别不大了,游戏也终于在 1997 年年末开启了 Beta 封测。

1998 年,距离《星际争霸》开发计划的提出已经过去了两年之久,这款时至今日仍然为人们所称道的游戏终于正式发售。它不但成了当年全球最畅销的游戏作品,也成了日后电竞比赛的必备项目之一。

3.《星际争霸》与韩国职业电竞发展

1998 年,国际足联世界杯是全世界的热门话题,由 EA 公司打造的《World Cup 98》游戏也因此顺利进入了韩国 Tooniverse 电视台,为当时的主管黄恒俊带来了新的灵感:将电视直播与计算机游戏比赛有机融合在一起。但世界杯热潮转瞬即逝,《World Cup 98》游戏也急需一款替代品。此时,他的目光投向了在韩国各大网吧正呈如火如荼之势的《星际争霸》,并使其成功登上荧屏。在此推动下,电竞在韩国迅猛发展起来,《星际争霸》也借此席卷了全韩国。在此期间,韩国的许多职业选手还发现并推广了多种原本并未出现在暴雪游戏设计师构思中抑或是其无意为之的游戏技巧，如"三个枪兵无伤打地刺"等。因此，电竞对《星际争霸》而言不啻一个巨大的意外，之后的《星际争霸 2》也是受其影响才得以开发的。

当然，最早的韩国电竞和其他国家的并无二致，职业选手的概念尚未成型。直到 1998 年 12 月，年仅 21 岁的申周晚在一场暴雪的《星际争霸》排位赛中问鼎桂冠，赛后采访时，他宣称自己的目标是一名职业选手，旋即在完成美国选手职业联盟（PGL）的全部流程之后，韩国电竞史上的首位职业选手诞生了。

不过这一时期所谓的职业选手自然和今日的不可同日而语，两者的待遇有天壤之别。他们不隶属于任何一个俱乐部，没有雄厚的外部资助，进而也就没有良好的训练环境，当然也无法注册成为某个职业协会的一员或者得到某个电竞相关组织的认可。他们完全以个人的名义游走在各地林林总总的大小比赛间。这使得他们的身份更类似于一名凭直觉采取行动的"赏金猎人"，奖金就是他们赖以生存的根本。

然而随着《星际争霸》的人气日益提升，它的附加经济价值也水涨船高，职业选手也拥有了更多的选择。为了获取更多人气，一些网吧主动邀约职业选手在自家店里训练，申周晚自然也位列其中。但是堪称韩国电竞史上"开国元勋"的他，并没能在这条路上功成名就，囿于当时的兵役制度，他的职业生涯过早地走向了终结。虽然在离开部队之后，他仍旧想重返赛场，但因时过境迁、物是人非，很难重现当日辉煌，唯有选择退役，彻底告别电竞。

一段时间的宣传之后，《星际争霸》日益受到广大民众的认可，但由于主流宣传渠道的缺乏，它的影响力止步不前。因此，在民众的心目中，它只不过是一种全新的休闲娱乐方式，抑或是一款打发时间的游戏而已。

第三章 兴起(1998—2000)

1999年,一位连续夺得两届KPGL冠军的少年李奇石走入了人们的视野,他为一家互联网公司拍摄了一个宣传广告,引发民众热议。"玩游戏的竟然也可以拍摄广告,并如传统明星一般登上荧屏"这一认知,让他在原本就对电竞文化心怀憧憬的青少年群体中人气大增。而作为首个让《星际争霸》登上大雅之堂的选手,他也成了新网络文化的独特标志和韩国电竞史上首位货真价实的明星。

与此同时,和韩国电竞有密切联系的一些传媒开始逐步发展,最先诞生的电视游戏频道就是为人们所熟知的Ongmenet(OGN,见图3-4)。1999年年末,韩国电竞职业公开赛的转播获得圆满成功,居高不下的收视率也助力OGN一跃登顶,频频摘取收视桂冠,也意味着电竞正逐渐成为韩国文化中心。2001年,MBC Game(见图3-5)开始播出,和OGN形成"对抗"之势,也正是在这一背景下,韩国的电竞赛事转播逐渐步入正轨,当然这中间还伴随着许多才华横溢的电竞明星的诞生,他们也为将来电竞文化的传播做出了不可磨灭的贡献。

图3-4　OGN频道LOGO

图 3-5　MBC Game

由于《星际争霸》自身优良的设计及对平衡性的良好把握，加之韩国星际职业联赛长达 13 年对兵种操控、心理战术、地图设计、运营思路诸方面的磨练和公司不断更新的游戏补丁，使其赋予了"电竞"一词全新的意义，并在全球范围内培养了一大批忠实玩家，也直接推动产生了如 SPL 和 WCG 等享誉全球的比赛，以及如"泽炳李双"等人气颇高的职业选手。

《星际争霸》最大的特点并不只是那引人入胜的剧情和气势磅礴的音乐，而是那被誉为完美的平衡性，可以这么说，《星际争霸》本身就是为了联网对战而开发的。

4．资料片和战网

暴雪在 1998 年年底又推出了《星际争霸》的资料篇——《星际争霸：母巢之战》。在《星际争霸：母巢之战》中增加了新的单位，使得对战中的战术变化更加丰富，游戏乐趣成倍增长。《星际争霸》也因此成为 1998 年游戏销售排行榜的第一名。

《母巢之战》的剧情主要通过游戏中的任务摘要、对话、过场动画、游戏手册等方式展现，是对《星际争霸》剧情的续写和补充。故事脚本是由克里斯·梅森设计的。故事发生在《星际争霸》主线剧情结束的 2 天之后，以神族、人族、虫族三个篇章的形式呈现：公元 26 世纪初，人族帝国终于取得了公会战争的胜利,然而地球联合理事会却横插一脚,意图扫清整个克普鲁星区;虫族在主宰的率领下向神族母星发动了侵略战争。虽然神族最终杀死了主宰,却难以阻挡虫族在母星上胡作非为。同时在暗处,新的主宰也在悄悄孕育。

除了丰富的剧情,《星际争霸》另一个充满魅力的玩法就是玩家对战。参与《星际争霸》的对战需要使用暴雪战网(Battle.net),这是暴雪公司在 1997 年建立的一个游戏平台(见图 3-6)。战网现已更名为暴雪游戏平台,它可以通过互联网直连的方式使来自世界各地的游戏玩家有机会实现对战。最初的战网只是为《暗黑破坏神》服务的,玩家可以通过战网进行局域网游戏,但是不会储存玩家的资料和数据。这种直连模式催生了大量作弊行为。直到 1998 年《星际争霸》发售,暴雪才开始重视起战网的游戏环境,要求必须使用《星际争霸》的 13 位有效的 CDkey 才能登陆,同时增加了聊天、玩家排名等新功能。

图 3-6　战网

暴雪于1999年在战网上举办了有奖竞赛，让《星际争霸》的对战形成了一个潮流，就像《QUAKE》一样，"这不只是一个游戏，这是一场运动"。暴雪还开启了天梯排名系统，用来对所有的对战选手进行总排名，并记录每名选手的每次胜负，这让对战的双方更在乎各自的战绩。

3.2.2 《反恐精英》

1. 游戏介绍

《反恐精英》（Counter-Strike，简称"CS"）是由维尔福公司开发的射击游戏系列。在游戏中玩家可以选择扮演"反恐精英"或"恐怖分子"，两个阵营将在一个地图上进行多回合战斗，达到地图要求的目标（如援救人质、暗杀、解雷、土匪逃亡等）或者将敌方阵营全部消灭即可赢得回合胜利。游戏包含"爆破模式（Bombplant&Defuse）"、"人质救援模式（Hostage Rescue）"、"刺杀模式（Assassination）"、"逃亡模式（Escape）"和"军火库模式"五种游戏模式，系列作品《反恐精英：零点行动》还有剧情任务。

《反恐精英》诞生于1999年夏天，由杰斯·克利夫（Jess Cliffe）和"鹅人"李明（Minh Gooseman Lee）开发。其最初只是《半条命》（见图3-7）的一个游戏模组，后来被维尔福公司收购并进一步完善。

与早期侧重剧情与写实的FPS（第一人称视角射击）游戏不同，《反恐精英》提出了令人耳目一新的玩法，如不同的阵营身份、每个阵营对应不同的枪支装备、不同的游戏模式和地图目标、回合制对抗等（见图3-8）。全新的角色皮肤和金钱系统是《反恐精英》的一大特色。这些超前的游戏设定在日后成了其他游戏争相模仿的要素。

图 3-7 《半条命》游戏 LOGO

图 3-8 《反恐精英》游戏截图

FPS 游戏的起源被普遍认为是由 Id Software 于 1992 年发售的《德军总部 3D》和 1993 年发售的《毁灭战士》。这两款游戏的玩法都比较单一，画面也是伪 3D。游戏不需要用到鼠标，只能用键盘操作，只要对准就算命中。就是这样两款在我们现在看来有些粗糙的游戏，在当时却是具有跨时代意义的作品，在玩家群体中引起了极大的轰动。

1996年，Id Software推出了历史上第一款3D FPS游戏《雷神之锤》，这款游戏第一次使用了键盘控制人物位移、鼠标进行瞄准的操作模式，使玩家的操作有了更多的可能性，这个经典的操作模式一直被沿用至今。

《雷神之锤》另一个开创性的举措是公布了游戏的源代码，这使得众多玩家可以制作各种有趣的MOD，许多经典的MOD也变相地延续了游戏的生命力。《雷神之锤》发售两年后，维尔福公司推出了《半条命》，这款游戏是建立在《雷神之锤》的引擎基础上的，但是维尔福公司没有止步于此，他们为《半条命》加入了全新的剧情模式，再次引爆了游戏圈。之前FPS游戏的剧情只有一个背景故事，十分苍白，而《半条命》的剧情有详细的故事设定、丰富的对白、生动的人物形象，让玩家在剧情模式中十分有代入感，这也极大地影响了FPS游戏的制作。同时，《半条命》也效仿《雷神之锤》公开了源代码，鼓励玩家制作自己的MOD，《反恐精英》就诞生于此。

2. 研发历程

《半条命》发售一年后的1999年，众多FPS爱好者都沉迷于这款游戏，并且热衷于分享自制的MOD。当时就读于加拿大西蒙弗雷德大学的李明与Action Quake2的网管杰斯·克利夫就是因此结识的。两个游戏迷决定联手制作一款偏向团队合作的《半条命》MOD。花费了大半年的时间后，《反恐精英》诞生了。《反恐精英》1.0版本刚出现在大众眼前时还十分简陋，只有四张地图，游戏模式只有营救人质一种，武器装备也十分匮乏。然而其还是在游戏圈子里很快流行了起来，毕竟这是当时唯一一款将现实和团队对抗结合起来的FPS游戏。

得益于游戏的流行，两位创始人不但可以得到大量玩家的反馈，同时也有许多热心玩家提供了自己的想法和作品，《反恐精英》就这样在众多玩家的共同努力下成长起来。4.0 版本发布时加入了爆破模式地图，并且在 5.0 版本中进行了进一步的完善，限制了炸弹的放置区域，并且设定只要成功拆除炸弹就算反恐精英方胜利。这一改动使得游戏更加平衡，也更具可玩性。

由于当时《反恐精英》仍然属于《半条命》的 MOD，要想玩《反恐精英》，必须要先安装《半条命》的游戏本体。因此随着《反恐精英》的火热，《半条命》的销量也一直居高不下，终于引起了维尔福公司的注意。不得不说，维尔福公司很有商业眼光，当即决定买下《反恐精英》的版权，并且招募两位创始人加入公司。在官方提供的资源和玩家提供的地图等帮助下，《反恐精英》终于正式上线。

3. 重要版本更迭、销量及历史意义

2001 年，受到"9·11"事件的影响，反恐成了人们的热点话题，《反恐精英》也随之受到了更多的关注。作为一款热门游戏，尤其是团队对抗游戏，《反恐精英》必须频繁地进行更新和修正，来完善游戏的平衡性，使游戏中双方阵营的玩家都可以有良好的游戏体验。

《反恐精英》从最初的 1.0 到最经典的 1.6 版本，修正了许多"bug"，也增添了许多新元素。比如 1.3 版本时就增添了 de_inferno（原油通路）、de_dust2（炽热沙城 2）两张地图，增加了语音和无线电系统让玩家之间的交流更加方便，同时更新了"AWP 打中腿部不会导致阵亡"等细节；1.4 版本中修正了 Hitbox 和"连续跳跃无硬直+空中射击无后坐"的设定，让玩家在游戏中有更好的手感，也使游戏对战更具有观赏性。

《反恐精英：零点行动》（*Counter-Strike: Condition Zero*，简称"CZ"）发布于 2004 年 5 月，是该系列的第二部正式版作品（见图 3-9）。在游戏内容上，《CZ》与《反恐精英》1.6 版本没有太大的区别，只是进行了一些细节上的修正。而且《CZ》虽然加入了单人剧情模式，却由于维尔福公司投入了大量精力开发《半条命2》,将《CZ》的单人模式外包了出去,导致其质量并不高。同时《CZ》并没有做好玩家的引流工作,游戏发布后,大部分玩家还是选择继续玩《反恐精英》1.6 版本。甚至在 WCG 比赛中,《CZ》只在 2004 年短暂登场,第二年就因为质量问题重新换回了《反恐精英》1.6 版本。

图 3-9 《反恐精英:零点行动》

4. 玩家社区与全球性的电子竞技

《反恐精英》虽然是由李明和杰斯·克利夫开发的,但它的发扬光大离不开众多游戏玩家的参与。在其 1.0 版本发布后,两位同为玩家出身的创始人便十分重视与其他玩家之间的互动和交流。他们花费了许多精力维护游戏社区,从社区讨论中发现了许多优秀的创意和素材,并且将它们加入游戏中,成了这部经典作品中的一部分。我们现在看到的《反恐精英》游戏地图,几乎全部出自普通玩家之手。

《反恐精英》系列与玩家之间的良好关系一直持续到了现在,《反恐精英:全球攻势》作为维尔福公司独立制作的一款游戏,同样注重与玩家社区之间的良性互动。游戏中的武器皮肤系统、活动中独特的任务地图都源自玩家的创意,专门设立的创意工坊社区鼓励优秀的制作者发布自己的作品,一旦被官方采用便会得到奖励分成。玩家们也可以在创意工坊中为喜爱的作品投票,参与到游戏的更新与完善中。

这种良性互动帮助《反恐精英》系列建立起了忠诚的玩家社群。由于每个人都能通过社区参与游戏的改进,玩家的忠诚度和凝聚力也相应提高了。可以说,《反恐精英》系列的一大特色就是它不但属于游戏厂商和创始人,同样也属于整个玩家社区。

5.《反恐精英》与 Steam 平台

2002 年,维尔福公司在推出《反恐精英》1.4 版本的同时发布了 Steam 平台,Steam 平台的出现使整个游戏界再次迎来了大改变(见图 3-10)。作为一个整合游戏下载平台,其允许其他公司在平台上进行游戏的发行和更新。该平台最具革命性的一点是超快的下载速度和自动更新,如同 Steam 的含义一样,在该平台上下载游戏就像蒸汽喷薄而出一样快。当时,让许多玩家恼火的一个问题就是游戏更新,要想更新游戏就必须下载补丁包,这就意味着在补丁包下载和安装期间都没办法进行游戏了,而下载过程通常十分漫长。Steam 平台的自动更新系统搭配超快的下载速度,完美地解决了这一问题,这也是 Steam 平台一经推出就受到玩家欢迎的原因之一。维尔福公司也因为 Steam 平台的推出,从游戏制作商摇身一变成了发行商。

Steam 平台的另一个作用是反盗版。虽然《反恐精英》系列的销量已经突破百万套,但是如果算上那些在全球各地使用盗版游戏的玩家,这个数字将远远不止于此。维尔福公司推出 Steam 平台后,就可以将游戏更新限制在 Steam 平台上，促使更多玩家使用正版游戏。但公司没有想到的是，Steam 平台当时并没有离线模式，也就是说玩游戏需要全程联网，这给玩家带来了许多不便，更不要说由于 Steam 服务器不稳定带来的糟糕游戏体验了。当时甚至有一些比赛由于服务器不稳定的原因而被迫取消。

图 3-10　Steam 平台 LOGO

平台的不稳定，让许多玩家仍然选择盗版《反恐精英》1.6 版本，这也使玩家群体出现了分裂。直到后来 Steam 平台推出了离线模式及 2004 年《半条命 2》的发售，才让维尔福公司迎来了第二春。专为《半条命 2》开发的起源引擎让游戏画面更加精美，也因此受到了玩家的欢迎。于是维尔福公司决定顺势用起源引擎开发了《反恐精英》系列的新作《反恐精英：起源》（Counter-Strike: Source，简称"CSS"）。

作为《反恐精英》系列的正统续作，《CSS》的确拥有比前作更加优秀的画面效果。然而维尔福公司没有想到的是，游戏引擎的更改使游戏手感出现了巨大的变化。许多《反恐精英》系列的资深玩家在前作中练就的好枪法，在《CSS》里根本无法施展出来。同时由于游戏中出现了很多"bug"，使得《CSS》并没有预想中的那样火爆。

最终，《CSS》不但没有带领《反恐精英》1.6 版本向新作过渡，反而将整个玩家群体彻底撕裂。老玩家习惯于《反恐精英》1.6 版本的操作手感,新玩家更加青睐《CSS》的优秀画质。不但《反恐精英》系列的玩家群体被划分成了《反恐精英》1.6版本和《CSS》两派,连电竞比赛版本的选择也在二者之间摇摆不定。这种情况最终导致《反恐精英》系列迎来了最大的低谷时期。游戏热度的降低和类似游戏的出现,都导致了玩家的不断流失,直到在 WCG2012 中被《CF》取代。

这一低谷期持续了 8 年之久,直到 2012 年《反恐精英:全球攻势》(Counter-Strike: Global Offensive,简称"CS: GO")的发售,《反恐精英》才重新焕发了光彩。在这 8 年里,维尔福公司对《CSS》的失败进行了反思,《CS: GO》(见图 3-11)照顾到了每个玩家群体。高端玩家可以体验到竞技模式的快感,休闲玩家可以通过军备竞赛、死亡竞赛、爆破模式等模式享受游戏的乐趣,付费玩家也可以在这里找到属于自己的一席之地。社区市场的出现为《CS: GO》带来了更多可能性,玩家可以在这里抽取装备或者进行交易。

图 3-11 《反恐精英:全球攻势》

历经 13 年,《反恐精英》系列在 FPS 游戏的发展史上留下了浓墨重彩的一笔,从最初的 MOD 一步步成为全球热门游戏之一。它见识过了巅峰，也走过了低谷，一如既往地为我们带来许多的惊喜和快乐。

3.2.3 其他

无论是最初的 RTS 游戏、FPS 游戏，还是如今的 MOBA 游戏，电子游戏的主流一直在不断发生着变化。每种类型的游戏都会诞生一大批优秀经典的作品。除了具有划时代意义的作品外，还有一些风靡一时却逐渐退出舞台或者仍在坚守阵地的游戏。

1.《帝国时代》

《帝国时代》系列就像其名字一样，经历了一段崛起与没落的发展历程。1997 年，由全效工作室开发、微软游戏工作室发行的《帝国时代》系列的首个版本面世。《帝国时代》与当时主流的即时战略类游戏背景设定有着很大的不同之处：既没有当时热门的现代背景，也没有流行的神话主题，而是将横跨了万年的人类真实历史融入游戏故事背景之中。这样的游戏设定会让玩家们感受到历史的洪流和时代的变迁。

《帝国时代》系列共有 7 部和 3 个分支。首两部将背景设置为从石器时代到古典时代的欧洲和亚洲，同时让玩家在游戏中了解罗马帝国的形成和扩张的历史。接下来两部则将背景置于中世纪时期及西班牙征服阿兹特克帝国的时期。后面的三部把重点放在探索近代史的背景下，以美洲殖民和亚洲国家的崛起过程作为游戏内容；3 个分支分别是根据希腊、古埃及和北欧的神话故事来设定背景的，被命名为《神话时代》。

如果把《帝国时代》和现在的即时战略类游戏相比较，会发现这个游戏的节奏是非常缓慢的。在高速运转的生活节奏之下，很少有人会适应一款需要耗费大量时间的游戏。然而在当时，这款游戏十分受欢迎（见图 3-12）。

图 3-12 《帝国时代 II》游戏封面

游戏之初，玩家几乎没有什么可以利用的资源。基本配置只有一个城镇中心、一个斥候、几个农民，地图上基本是一片黑暗。玩家要靠这些配置来打造一个帝国，过程必然是漫长的。然而也正是因为如此，最后的成就感就会更加强烈。

所有建造帝国所需要的一切东西，不管是植物、动物，还是矿物资源都需要玩家自己去探索开发。只有不断地点亮地图上黑暗的部分，才能获取足够的资源去建造更多的建筑、研发更先进的设备、扩张更大的领地。一方面，打造帝国的过程需要花费许多时间；另一方面，游戏中不同的帝国之间还会发生战争，如果双方对决，战争并不会很快就结束，持续的游戏时间可能会超过几小时，是漫长而艰辛的。因为游戏进入战争模式时，单位、器械、建筑等大批资源都会被投入使用，因此影响胜负的因素就变多了，而玩家可以控制各种资源就意味着玩家有无数种应对战争的战术。战术的选择对战争的结果有着直接的影响。

《帝国时代》系列的游戏模式一般包括单人战役、单人遭遇战和多人模式三种。单人战役和单人遭遇战是在某个特定的场景下，玩家触发剧情进行战斗。而多人模式的玩法则要比单人模式丰富得多。因为各个玩家的打法不尽相同，每个人都有自己研究出的战术，对战中就存在较大的变数。

在《帝国时代》中，胜利的条件并不是唯一的。玩家可以通过修建诸如大金字塔、黄金塔、罗马斗兽场等标志性的古建筑并守护指定的时间就可以达成"和平胜利"的结果。还可以通过收集特殊物品并拥有其一段时间来获得胜利。在当时，这种创新性的玩法不但丰富了游戏内容，也让玩家们感受到了世界各地不同文化艺术的魅力，多样的建筑风格、奇观异景都是吸引玩家的重要因素。

作为一款即时战略类游戏，《帝国时代》有食物、木材、黄金、石头四种资源。而这种类型的游戏一般为了降低游戏的操作难度，只会配置两种可以获取的资源。而且《帝国时代》中获取资源的方式、难度存在很大的差别，建造建筑、研发科技等对材料的要求也不一样。因此这就需要玩家制定自己的战术，根据实际情况来安排资源的开发和利用，并根据实际情况对战术不断进行修改。正是因为这些多元、复杂的因素拼凑在一起让游戏的节奏不断变慢，也让玩家真正感受到打造一个时代的不易之处。当玩家收集的资源达到一定程度后，就会升级到一个全新的"时代"。升级后，建筑样式、科技水平都会焕然一新。

《帝国时代》系列就像一部讲述国家文明和科技发展历程的教科书，汇聚在一起既复杂又有趣。

可以毫不夸张地说，《帝国时代Ⅱ》已经达到了2D即时战略游戏的巅峰（见图3-13），从此以后，即时战略游戏就进入了3D时代。

图 3-13 《帝国时代 II》游戏截图

2.《红色警戒》

在 RTS 游戏发展史上,《红色警戒》是不得不提的一款游戏(见图 3-14)。对于国内许多"80 后"和"90 后"玩家来说,这是他们接触到的第一款 RTS 游戏,是不可替代的经典。《命令与征服:红色警戒》(简称《红警 1》)由 Westwood Studios 公司于 1996 年发售。最初,《红警 1》只是作为《命令与征服》的前作资料片被提上议程。最后由于其本身的潜力,被作为全新的独立作品开发了出来。

《红色警戒》系列之所以受到欢迎,其中一大原因是其独特的故事背景。当时市面上的 RTS 游戏要么是原创的奇幻类和未来科幻类作品,要么如《帝国时代》一样以真实的历史为背景。而《红色警戒》系列则别出心裁地选择了在真实历史上"动点手脚",创作出了独一无二的架空历史类背景。

图 3-14 《红色警戒》游戏 LOGO

根据游戏设定,《红警 1》的故事发生在第二次世界大战时期。《红警 1》一开始的剧情,就是第二次世界大战结束后爱因斯坦发明了时光机器,使历史的走向发生了改变。在游戏的设定里,苏联与英美之间发生了战争,整个《红色警戒》系列的故事就是在这样的背景之下展开的。

《红警 1》推出后,很快就因为独特的故事背景和简单的操作受到了众多玩家的喜爱。2000 年,Westwood Studios 公司推出了《红色警戒 2》(简称《红警 2》),并在第二年发布了资料片《红色警戒 2:尤里的复仇》。这一资料片可以说是整个《红色警戒》系列的巅峰之作。《红警 2》最有创意的一点是"心灵控制"技能的设定和遭遇战模式。"心灵控制"是整个《红警 2》故事的基础,也是资料片《尤里的复仇》的核心。遭遇战模式为玩家提供了包括"作战、自由交战、巨富、生死斗、抢地盘、邪恶联盟"六种全新游戏模式,增添了游戏的趣味性。

Westwood Studios 公司在发售《尤里的复仇》后不久,就被美国艺电公司(Electronic Arts,简称"EA")收购并解散。EA 在 2008 年推出了《红色警戒 3》和资料片《红色警戒 3:起义时刻》,但是并没有达到前作的高度。《红警 2》成了游戏史上不可磨灭的经典之一，至今仍然拥有大量玩家（见图 3-15）。

图 3-15 《红色警戒 2》游戏截图

3.3 赛事主办方

1997 年，北美地区相继成立了两大职业电子竞技联盟：Cyberathlete Professional League（CPL）和 Professional Gaming League（PGL），开始正式举办职业电子竞技比赛，两者对世界电子竞技的发展有着不可磨灭的贡献。

3.3.1 Cyberathlete Professional League（CPL）

CPL 即"职业电子竞技联盟"，创立于 1997 年（见图 3-16）。创立者是银行家 Angel Munoz,他并不是电子竞技专业人士,但是凭借对于金钱的敏感和对未来市场的准确判断,造就了当时世界上最盛大、最具权威的电子竞技联盟。CPL 的目的是组织和报道电子竞技赛事。CPL 把电子竞技推向了职业化、标准化,它第一次将电子竞技当成一项新的体育运动看待,在电子竞技发展的初期杀出了一条血路。

图 3-16 Cyberathlete Professional League(CPL)

CPL 的口号是"GO PRO(专业化)",而事实就是这样。CPL 为电子竞技制定了极其详细的规则,开辟了游戏产业的融资模式。这些举措为之后的世界电子竞技赛事打下了坚实的基础。

1997 年 10 月 31 日,CPL 主办的首场正式比赛"The FRAG"拉开了帷幕。这次比赛选择的游戏项目是当时火遍全球的《雷神之锤》。这是比《反恐精英》更早一些的 FPS 游戏。FPS 游戏是早期电子竞技赛事最关注的游戏类型,毕竟 MOBA 游戏是后来才开始出现的。正是 CPL 和 FPS 游戏的结合,才有了电子竞技赛事的开端。CPL 为这场比赛设置了总额达 4000 美元的奖金,吸引了不少玩家参赛。因为《雷神之锤》游戏火爆、对抗性强,CPL 顺应了潮流,成功赢得了人们的注意。

在接下来的两年里,CPL 举办了一系列比赛,游戏项目仍然选择了

《雷神之锤》及续作《雷神之锤2》和《雷神之锤3》。二者互为助力，影响力都达到了最高峰。CPL也探索出了自己的一套比赛规则，这些规则甚至详细到观众的衣着和行为。CPL确定了每年举办两场比赛的制度，分别为夏季赛和冬季赛。

到了2000年，CPL比赛的奖金翻了几番，达到了10万美元。这一年的《雷神之锤3》比赛冠军是来自美国的Fatal1ty，他的冠军奖金是4万美元。

CPL与《雷神之锤》的合作亲密无间，但是创始人Munoz并不满足于此。2000年年初，他就在接受采访时表示，CPL始终保持着进取心，不会只限于举办单一游戏的比赛，CPL计划引入《反恐精英》，并且将在新加坡举办大奖赛。CPL宣布引入《反恐精英》时，后者尚未正式发售。CPL提高了《反恐精英》的知名度，帮助它打开了市场。

正如Munoz所说的那样，自从开始举办《反恐精英》比赛，CPL就达到了一个全新的高度。《反恐精英》结合了FPS游戏的诸多优点，与《雷神之锤》系列相比，《反恐精英》的难度更低，不但操作简单，观赏比赛也不需要太多的专业知识。因为《反恐精英》的这些优势，使其在全球范围内攻城略地，成了PC端最火爆的游戏之一。凭借专业的《反恐精英》赛事，CPL也赢得了更加广泛的关注，吸引了更多赞助商的加盟，比赛奖金也水涨船高。终于，Munoz赢得了主流媒体CNN的关注并接受了采访。Munoz对自己一手创办的CPL感到非常自豪，认为是CPL开创了电子竞技的先河，并制定了一系列标准。

3.3.2 Professional Gaming League（PGL）

PGL的中文意思是"职业玩家联盟"，于1997年创建，是最早的电子竞技联盟之一（见图3-17）。PGL是由半导体公司AMD赞助的，由Total Entertainment Network（TEN）负责运营。PGL在1997年9月举办了首场比赛，并在同年晚些时候正式以电子竞技联盟的身份召开发布会，宣布正式成军。

图 3-17　PGL LOGO

PGL 宣称自己是全球首个专业电子竞技联盟，而 CPL 比 PGL 的成立时间早了 4 个月，因此双方为"第一"的归属争吵不休。

1998 年 1 月 30 日和 31 日，PGL 举办的首届比赛总决赛在西雅图举行。决赛选择了两款游戏，分别为《命令与征服：红色警戒》和《雷神之锤》。两场比赛的冠军分别获得了价值 7500 美元的 AMD 计算机。

3.4　国内状态

3.4.1　加入 WTO：开放程度提高

2001 年 11 月 10 日，中国正式加入世贸组织（WTO），中国经济正式迈入了一个新的阶段（见图 3-18）。随着关税下降，越来越多的国外产品进入中国市场，人们可以以更低的价格购买更加丰富的消费品。同时，服务业市场随着经济水平的提升进一步丰富，娱乐业迎来了全面的发展。人民生活水平提高，越来越多的人有能力负担起休闲娱乐方面的花销，也愿意在这方面进行消费。

图 3-18　世贸组织 LOGO

在这种时代背景下,来自国外的电子产品和电子游戏文化开始进入国内。国内早期只能玩盗版游戏的玩家们日渐与国际接轨。这一时期更像是中国电子竞技的启蒙时期,无数未来的职业选手们就是在这样的环境下成长起来的。

3.4.2　网络

1. 网络快速发展,出现了众多以电子游戏和电子竞技为主题的 BBS

1997 年,去网吧上网一小时要花费 20 元,并且使用拨号网络,网速很慢。到了 1998 年,网速有了大幅提高,打开一个网页不再需要长时间的等待,网费也下降了。在街头巷尾,大大小小的网吧冒了出来。互联网带来了全球各地的最新游戏与相关消息,早已在国外流行开来的《星际争霸》和《反恐精英》系列占领了国内的网吧,无数游戏爱好者沉浸在游戏的魅力中。

全世界玩家对于游戏的热爱都是相同的。与国外一样,一款游戏火爆之后,玩家们便会自发地建立社区,寻找自己的组织,于是战报网站和游戏论坛出现了。我们现在看到的许多电竞媒体组织,就是从这些战报网站和游戏论坛中孕育而出的。不过，在那个互联网还没有完全普及的年代，这些网上组织始终属于小圈子。大部分人想要了解电子竞技和游戏方面的消息，还要依赖于传统媒体，如《电脑报》和《电脑商情报》。许多人就是从这两张报纸上，第一次见到"战网"这个名称。

当时的电子竞技比赛并没有像现在这样方便的直播和录像系统，人们想要实时了解比赛信息只能通过文字战报。当时有许多在这方面很热门的网站，比如 TS 战队 JOJO 的网站、四川的"=AG="战队网站、中国遥远星际录像下载网、CSA 中国星际联盟网等。

对于《星际争霸》而言，当年最火的 BBS 要数八达。这个诞生于重庆的游戏论坛不但诞生了中国第一支半职业战队——八达战队，还在当地举办过一次半职业《星际争霸》联赛，吸引了众多高手和战队参加。不过受到时代发展的限制，当时的游戏组织大多数都只能在本地发展。电子竞技媒体无法实现广泛的传播，BBS 也只是大家交流聊天的一个平台。

2. CSChina

2001 年后，《反恐精英》凭借更强的团队参与感、容易上手和设定新颖等优势，在国内的人气逐渐超过了《星际争霸》。这时，专注于《反恐精英》的电子竞技媒体开始崭露头角。这里要着重提到 CSChina，这个在《反恐精英》发展史上占有重要位置的网站由网友"上帝偏爱步兵"建立。正如它的名字一样，CSChina 是一个专门服务中国玩家的《反恐精英》游戏资讯分享网站（见图 3-19）。

当时正是《反恐精英》在国内最火的时候，大量玩家已经不满足于自己玩游戏，还想更多地了解国际最新消息、国外优秀玩家们的高超技术及国际大型赛事的相关新闻。虽然网络上专门搬运、翻译相关新闻的译者不在少数，但是各自为政，信息十分混乱。CSChina 的出现，给这些译者们提供了一个发表作品的平台。

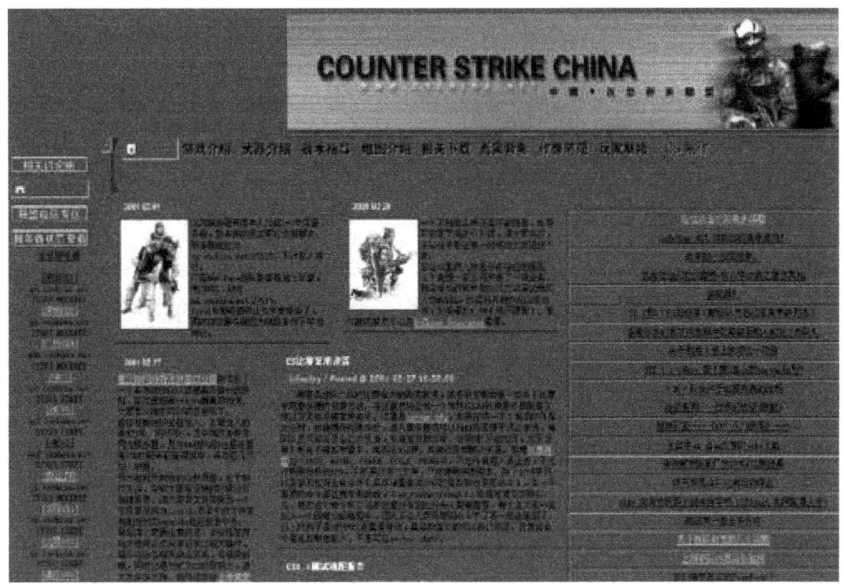

图 3-19　CSChina 的网页

CSChina 延续了其他游戏论坛的格局，分为战报和论坛两大部分。玩家在这里不但可以获得最新的资讯，还可以畅所欲言。从 1999 年《反恐精英》进入中国开始，CSChina 只用了不到一年时间，就成了国内最大的《反恐精英》网站，甚至还举办了自己的邀请赛，其人气由此可见一斑。当时的 CSChina 上聚集了全国最好的战报写手，还会定期发布欧美战队的比赛录像。在专业程度上，CSChina 甩开了其他游戏论坛一大截。当时国内的各大战队都以在 CSChina 上开设自己的论坛版块为荣。

3. CCSK 和 CGA

尽管 CSChina 当时风头正盛，但是仍然有一些游戏网站也非常活跃。CCSK 就是在这一时期成立的。虽然同属于《反恐精英》游戏资讯网站，但 CCSK 既没有 CSChina 那么久的运营资历，也没有那么多的战报和录像。尽管如此，CCSK 仍然做出了电子竞技媒体发展史上的一个重大举措——建立起了遍布全球的记者站。CCSK 的大胆布局，给电子竞技媒体发展带来的影响是十分重要且深远的。

从 2001 年开始，CCSK 组建了自己的官方新闻组，并且从各大论坛招募了一大批兼具文字功底和新闻眼光的记者们。这些记者遍布世界各地，组成了一个个独立的小型情报站，将全球最新的游戏资讯从现场第一时间传送回来。为了将这一优势发挥到最大，CCSK 还对整个网站的版式进行了重新设计，将新闻版块放在了醒目的中心位置，并且要求编辑组进行高水准的排版和美化。那一时期的 CCSK 记者中，不乏现在已经成为"大神"的人物。比如，Weico Pro 的开发者 ttdz 就是当时 CCSK 国际新闻组的一员，结识很多欧洲电子竞技网站的创始人。

2002 年，CCSK 迎来了一个属于自己的机会。当时发生了一件在中国电子竞技发展史上影响不佳的事件：WCG Evil|zero 26space 战队（简称 26space 战队）被取消了参加 WCG 韩国总决赛的比赛资格。这一事件是由于战队成员和老板因奖金分配问题发生争执而导致的。在参加 WCG 之前，战队刚刚赢得了上海 ADSL 杯比赛，获得了 3 万元奖金。奖金还没发到手，战队就动身前往北京参加 WCG 中国区总决赛，并且获得了中国区冠军，拿到了 4 万元奖金。比赛结束后，队员们经过讨论，一致认为不适合在 26space 战队继续发展，于是决定放弃之前的 3 万元奖金，只要第二场夺冠的 4 万元奖金，随后直接离开俱乐部。这一行为让 26space 战队老板怒不可遏，愤而向 WCG 主办方举报了 26space 战队全部成员都未成年的事实，导致其参赛资格被取消。

说到底，在这件事情上没有谁对谁错。站在双方的立场上，大家都有各自的理由。但是在当时，这一事件引爆了整个华人电子竞技圈。玩家们在 CSChina 论坛上分成了两派，一方认为队员太任性没有责任心，一方认为老板气量太小不顾大局，并由此展开了一场旷日持久的辩论并转至 CCSK 论坛。

这次事件结束后，CCSK 因为之前的辩论积攒了一批玩家。这时，CCSK 遍布全球的记者站优势开始被玩家们注意到。不管是大型赛事还是国外选手动态，这些记者都可以在第一时间从现场为大家带来最新的报道。这些新鲜出炉的国际新闻让 CCSK 显得非常专业，越来越多的选手和赛事也开始把目光投向了这个最初在 CSChina 的光环下看起来并不起眼的资讯网站。

在 CCSK 成为主流网站之后，越来越多的电子竞技网站都开始在世界各地建立记者站，这些记者站也为电子竞技行业输送了大量的专业人才。记者们之前可能来自各行各业，最终通过这一渠道进入电竞圈，从负责赛事转播逐渐负责赛事组织、执行等各项工作。他们是中国电子竞技行业强有力的根基。

3.4.3 赛事

1. 赛事萌芽的发展：核心—扩散—赛事—媒体—核心扩大

同一时期，国外的电子竞技已经取得了长足发展。CPL 和 PGL 等电竞联盟先后成立，开始出现了战队的概念。国内玩家受此影响，也成立了本土战队。例如，POC 战队是国内早期的战队之一，战队成员以个人 ID 加战队名后缀为命名方式，如 caoyong[POC]。

这一时期的战队实行准军事化管理，设置了很多不同的部门和军衔。一些著名战队的成员遍布全国，都以统一的形式命名，一呼百应。由于计算机和网络的逐渐普及，网页制作人才也不断涌现。他们为各个战队设计官方网站，在首页上列出队员名单，还在下方设置了新闻版块和论坛版块。战队成员和粉丝们可以在战队官网上进行交流，人气非常高。但是这种火爆的场面只持续了不长时间，《反恐精英》逐渐没落之后，大型的战队就慢慢消失了。到了《魔兽争霸 3》时代，大型战队已经非常罕见。如今，电竞俱乐部采用了更加现代化的管理方式，大军团时代落幕了。

1999 年，在网速进一步提高的基础上，网费开始大幅下降。很多游戏室之前只能进行局域网对战，如今都接通了网络，变成了能进行网上对战的网吧。随着网吧的兴起，玩家也变得越来越多。

《星际争霸》从这时起变得越来越流行，玩家群体不断扩大，战队也如雨后春笋般接连出现，职业联盟因此应运而生。王银雄组建了中国星际联盟（CSA），洪哲夫组建了位于哈尔滨的"星际远征村"。后者不但是职业玩家，还担任过 ESWC 中国区总代理。而这时出现的湖南战网，聚集了全国数量最多的高手。

不同规模的电竞赛事越来越多，一些人开始自行制作战报，分析双方使用的战术，并发布在个人媒体上。其中最有名的当属重庆星际冠军寒羽良和阿蔡兄妹。他们经常总结外国战队使用的最新战术，为国内玩家拓展了视野。

《星际争霸》在韩国十分流行，因此汇聚了一批顶尖玩家。在韩国玩家的战报中，出现了很多令人意想不到的战术，让更多人开始对《星际争霸》感兴趣。在当时，除了《反恐精英》之外，很少有游戏能对《星际争霸》形成威胁，因此《星际争霸》成了红极一时的全民游戏。

由此，我们可以总结出一个赛事发展的链条：

第一步，最初的游戏玩家形成小团体。

第二步，游戏本身具有显著的优点，能够让玩家群体不断扩大。

第三步，出现组织良好的正规赛事，并且数量越来越多。

第四步,赛事带动相关媒体发展,媒体反之提高赛事的曝光度和关注度,为双方带来更多资源。

简而言之,即"核心—扩散—赛事—媒体—核心扩大"的过程。直到现在,一个新出现的竞技游戏要想获得成功,也要通过这条路径,只是中间的许多步骤变得更加简练了。

2. 韩国《星际争霸》联赛对中国赛事的启蒙

2000年是中国电子竞技走向正轨的一年,韩国成熟发达的电子竞技产业为其带来了新的理念。这一年《电脑商情报》(见图3-20)主办了全国《星际争霸》大赛,大赛采用了韩国的PGL赛制,前两名选手可以前往韩国参加WCGC(World Cyber Game Challenge,即WCG前身)。中国《星际争霸》的传奇人物王银雄以大赛第一名的身份参加了WCGC,虽然他止步于12强,但这也是中国选手征战世界大赛的最早的辉煌战绩了。回国后,他写了《KULOU.CSA 韩国之旅》。在这篇文章中,他详细介绍了在韩国比赛的所见、所闻、所感,让中国的玩家见识了电子竞技在韩国的状况。文中提到了韩国的职业选手需要进行定期的训练学习,并且还有女子战队。那场比赛的结果是韩国包揽全部冠军,并且在结束时奏响韩国国歌,电子竞技运动员光荣地站在领奖台上。"看着领奖台上的兴高采烈的选手,难免有点心酸,如果能有中国人站在领奖台上,那该有多好啊。"这些感悟现在读来依旧让人感动。

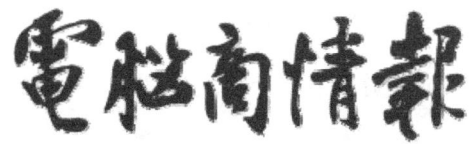

图3-20 《电脑商情报》LOGO

当时中国的电子竞技十分落后，国内没有《星际争霸》的服务器，玩家仅限于一些有经济实力的人，因为即使每天只在线一两个小时，每个月支出的网费也高达 600 多元。可想而知，这些珍贵的信息对于当时的中国玩家来说是多么震撼。

韩国电竞赛事的发展离不开付费电视频道的支持。赛事赞助商通常包括电视台，专业的团队能够制作出十分精良的节目吸引人观看。由此一来，付费用户增加，带来了更高的收入，能够反哺电竞，使电竞赛事的水平越来越高。直到 2009 年，中国的 G 联赛才实现收支平衡。这为中国电竞的发展指出了一条清晰的道路。

3. 美国 CPL 对中国《反恐精英》赛事的革新

从 2000 年 CPL 引入《反恐精英》比赛之后，才有了今天我们熟知的 5V5 的团体对抗模式。CPL 探索出一条可行的道路之后，中国的《反恐精英》赛事也随之走上了正轨。从这时开始，中国报道《反恐精英》赛事的媒体也从散兵游勇变成了正规军。有一批专业人员定期翻译外国战队的战报，一些顶尖玩家开始在各大 BBS 上进行交流，这极大地促进了中国《反恐精英》赛事的发展。

思考题

1. 英特尔为何不采用"80586"的方式命名新处理器？
2. 韩国电子竞技行业发展的基础是什么？
3. 《反恐精英》是建立在哪款游戏的引擎基础上的？
4. 1997 年，北美地区相继成立的两大职业电子竞技联盟是哪两家？
5. 最早征战世界电竞大赛的中国选手是谁？

第四章 爆发（2001—2007）

4.1 背　　景

4.1.1 加入WTO，走向世界

中国的经济体量从加入世界贸易组织（WTO）后开始发生历史性的转变。在此之前，一直处于"世外"的中国经济渴望融入世界；在此之后，成功"入世"的中国经济和中国市场不仅得到了更加深入地发展，也迎来了更多的机遇。

电子游戏作为新时期的文化产品，无论是对大众生活还是文化时尚都有很大的影响力。中国入世前大多数的优秀电子游戏都来自国外，国产游戏相对而言无论是产品质量还是创意都不尽如人意，所以当时流行于中国游戏市场的都是国外游戏。这些游戏必然带有鲜明的国家和文化的烙印，从而影响我国的游戏玩家。在中国经济走向世界的同时，文化产业也要同步发展。随着中国经济的快速发展，中国的文化产业也得到了长足的发展，游戏产品的开发和运营也具有了自己的风格，一批具有中国特色的游戏产品呼之欲出。

4.1.2 "孤岛"时代的终结

1. 互联网的兴起打开了中国信息产业通向世界的大门

2000年作为中国互联网行业的凛冬期，对相关从业者而言是一个严峻的考验。互联网泡沫的破灭并没有影响用户数量的增长，从1999年7月到2000年7月，中国网民数量在一年的时间里就翻了两番，总数达到

1690 万。四年之后,这一数字变成了 8000 万。互联网正在全面改变大众的生活方式。

2000 年以前,个人计算机的使用场景非常有限,除了用来工作,就只能用几款简单的单机游戏自娱自乐。以如今的眼光来看,那时的计算机(见图 4-1)都是彼此孤立的,像是大洋里零星的小岛。数据交换需要通过软盘和光盘,除此之外几乎没有其他途径。

图 4-1　2000 年的个人计算机

2000 年之后,伴随着计算机技术的飞速发展和互联网的不断进步,网络终于走进了千家万户。一时间,资讯"爆炸"成为人们津津乐道的话题。信息在几分钟内就可以传到互联网的各个角落,传播信息的速度是前所未有的。互联网不仅改变了信息的传播途径,也改变了人们的沟通方式。天南地北的人们可以通过 QQ 聊天,可以在 BBS 里交换看法和传输文件,可以玩电子小游戏并相互交流。一时间,"万维网"、"冲浪"、"拨号"与"伊妹儿"等新词成了大街小巷的人们谈论的新内容。从此以后,中国互联网迅猛发展,走上了信息化发展的高速公路。

2. BBS 及调制解调器的发展和兴盛

20 世纪 90 年代，互联网还未得到普及，网站还未兴起，人们上网的习惯还未养成。1996 年之前，有机会上网的人也只是逛逛 BBS，而当时的 BBS 只能显示文字，不支持图片、视频和音乐格式，不过这并不妨碍人们对它的追捧。很多逛 BBS 的人每天都会下载站内收到的新信件，写好回信后一封一封地上传。网友们正是通过这种方式分享自己的观点，相互交流，共同成长和进步。当时的网络环境催生了很多有名的 BBS，如西点军校、新月等。很多如今耳熟能详的中国互联网人物就是从这些站点中成长起来的，如马化腾曾是 DataExpress 的站长，创立金山公司的求伯君曾是珠海西点的站长。

最早的"猫"（Modem，调制解调器）速率极慢，但却是那时上网所必需的工具（见图 4-2）。要通过一系列复杂的设置，计算机才能连接上互联网。由于"猫"在当时是稀缺物品，价格也贵得惊人——至少要 4000 元，同时每小时的网费大约需要 20 元，而当时普通职工一个月的工资才 350 元。

图 4-2 "猫"（Modem，调制解调器）

1996年,随着技术的发展及人们上网的需求日益增长,第一个对公众开放互联网接入服务的全国性网络——瀛海威投入运营。此后,国内的互联网开始突飞猛进地发展。根据中国互联网络信息中心的数据显示,截至1996年年底,我国的网民数量大约为10万人;一年半后,这一数字达到了117.5万。同时,"猫"的传输速度也在不断提升,从最初的2.4KB/s到4.8KB/s,再从9.6KB/s到14.4KB/s,一直到后来的56KB/s。

中国互联网的发展史上,最早的互联网名人就诞生于各大BBS。此后,"猫"又推动了互联网的继续发展。"猫"走进了千家万户,为人们的居家生活、工作带来了便利。如今,光纤宽带几乎成了每个家庭的标配。也许在不久的将来,"猫"将淡出历史舞台。但是它对中国互联网的发展居功至伟。

4.1.3 电子竞技发展拐点

国家体育总局在2009年11月正式宣布电子竞技运动项目受国家体育总局体育信息中心管辖。这意味着国家体育总局体育信息中心的职能发生了变化,将从体育后勤和赛事的信息保障机构转变为专业运动管理机构,同时也让电子竞技从原来的民间主导模式变为归口管理模式。

另一方面,国家体育总局旗下的中体产业集团股份有限公司承接了选拔中国电子竞技国家集训队的任务,并规划建设国内首个大型电子竞技专业场馆。亚博控股传媒公司则专门负责中国电子竞技超级联赛、全国电子竞技公开赛等赛事的开展,以及官网与商业网站的建设维护和相关的商业活动。

1. CCTV报道

在电子竞技被国家体育总局纳入体育项目名单的同一年,中央电视台体育频道推出了一档针对电子游戏的新节目——《电子竞技世界》，节目的主持人是段暄。

2003年4月4日首播的《电子竞技世界》包含多个板块：《电玩制高点》主要介绍电子游戏、开发厂商和各类软硬件产品等行业资讯；《抢滩登陆》结合了体育频道的特殊属性，将目光对准体育竞技类游戏；值得一提的是《少数派报告》、《游戏先锋》及《竞技场》这三个板块，它们分别以电竞产业、人物及赛事为主题，刻画了中国电竞在萌芽时期的众生相。

这档有些特殊的节目一经播出就吸引了众多玩家群体的关注。即便在今天看来，代表着央视高制作水准的《电子竞技世界》仍不失为了解游戏及电竞发展历程的重要窗口。

2006年，在电子竞技项目中荣获世界冠军的李晓峰出现在"2006年度安踏-CCTV体坛风云人物电视评选"的风云人物候选名单上。这意味着作为非奥项目运动员，他将有机会和其他中国体育健将一起争夺"十大体坛风云人物奖"。所有进入候选人名单的运动员在2006年度的优秀表现，都被剪辑成视频在中央电视台体育频道的《体育世界》栏目中展播三个月。

2008年，对于电子竞技来说是意义深远的一年。这一年，电子竞技被国家体育总局重新定义为第78号体育竞赛项。但当时由于电子竞技仍然不为大众所熟知，因此没有引起过多的关注。但正是出于这个原因，电子竞技意外成为央视栏目《百科探秘》的一期题材，这期节目名为《78号运动》。

《78号运动》的内容是2008年举办的CEG全国电子竞技运动会。当时的赛场被安排在国家女排训练场，临时搭建的舞台就是各方展现实力的场所。片中介绍了"锦州博爱"、"上海WE"和"重庆精英"等俱乐部，从名字上就能知道这些俱乐部来自哪个城市。比赛场地没有隔音设施，显示器也是体积巨大的 CRT。这期节目虽将电子竞技搬上了荧幕，但节目中冷冷清清的比赛现场，也昭示着电竞行业还没有足够的热度。

2008 年爆发的金融危机让市场变得萧条，电子竞技也受到了影响。媒体对电子竞技的报道告一段落，直到 2011 年电子竞技才重新进入大众的视野之中。

2011 年，中央电视台体育频道的《体育人间》栏目组针对电子竞技选手专门策划了一期特别节目，希望通过电子竞技选手的视角来挖掘这个行业背后不为人知的人和事。节目以大众眼中的电子竞技明星李晓峰等人的成名之路为线索，展示了国内电竞行业的真实现状。许多人前风光无限的战队，幕后生活和工作环境其实十分差，很多队员只能在网吧或者出租屋里进行训练。这说明电子竞技虽然已被承认，但与其他传统体育项目相比还存在着较大差距，更不用说与电竞业发达的韩国等进行比较了。

2. 李晓峰在 WCG 比赛上二连冠

李晓峰是 2005 年和 2006 年连续两届 WCG（世界电子竞技大赛）的《魔兽争霸 3》项目冠军。由于在游戏中擅长使用"人族"，他也因此被称之为"人皇"，他在游戏中的 ID 为"SKY"。

在 2004 年举办的 Acon4 全球电子竞技中国区总决赛上，他和同在 YolinY 的队友包揽了冠亚军。之后一年，他所在的俱乐部更名为 World Elite，简称"WE"。也正是在这一年，李晓峰以极其惊人的竞技姿态，开启了一段属于他的表演，也是中国电竞史上的一段传奇。

2005 年，最先被李晓峰收入囊中的是 Acon5 冠军，而后是 ESWC 电子竞技世界杯中国赛区冠军，直到李晓峰挥舞国旗的身影出现在了新加坡 WCG 世界总决赛上，让观战的中国玩家都兴奋不已。

2006 年，21 岁的李晓峰再次在意大利蒙扎斩获了 WCG 世界冠军，代表中国电竞在世界的舞台上证明了自己。

2007 年，WCG 总决赛在美国西雅图举办，李晓峰仍然以惊人的实力刷新着自己的纪录，他的 WCG 获奖荣誉定格在了"两冠一亚"上。

这是一份难以用语言描绘的荣誉。在 WCG 历史上，李晓峰是首个蝉联冠军的电竞选手，也是截至 2013 年 WCG 停办前的最后一个。

在某种程度上，李晓峰见证了中国电子竞技的发展，也经历了中国电子竞技职业化从零开始的全过程。每个职业选手的职业生涯都是一波三折的，李晓峰也不例外，他经历了几次挫折之后才取得了一些成绩，从 2004 年开始逐渐成名，并在 2005 年走上了巅峰，跻身世界顶尖电竞高手的行列。

4.2 游 戏

4.2.1 《魔兽争霸 3》

1. 游戏介绍

2016 年 6 月 8 日，电影《魔兽》（见图 4-3）引爆了一群人的集体记忆。电影讲述了人类和兽人两个种族为了各自的家园而战的传奇故事。电影背后是暴雪娱乐公司在 2002 年和 2004 年相继推出的两款游戏——《魔兽争霸 3》与《魔兽世界》。在那个网吧的黄金年代，它们风靡世界。作为经典 RTS 游戏的《魔兽争霸 3》更是将电子竞技推上了新的台阶。

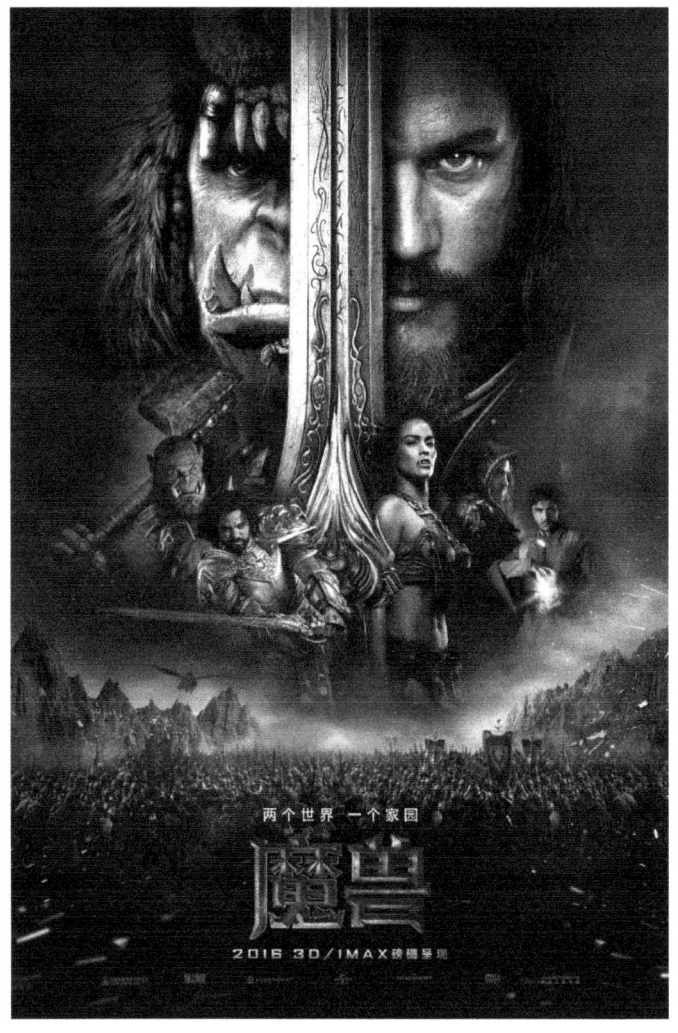

图 4-3 《魔兽》电影宣传海报

当《沙丘 2》在 1993 年掀起即时战略游戏（RTS）的热潮，由三名加州大学洛杉矶分校毕业生创立的暴雪娱乐公司很快追赶上了这轮潮流，以《沙丘 2》为原型开发了《星际争霸》和《魔兽争霸》。随着类似题材的作品在市场上日渐呈现井喷之势，基于传统模式的创新随即被列入了暴雪的开发日程。

在 RTS 游戏里，对资源的管理和调配往往占据了玩家大多数的精力，而运用各种战术进行作战的乐趣则在某种程度上沦为配角。于是在 1999 年的欧洲计算机贸易大会上，人们惊讶地发现这家已拥有近千万名玩家的游戏公司在试图创造一种全新的游戏模式。

根据制作人 Rob Pardo 的介绍，作为暴雪新作的《魔兽争霸 3》将让玩家的视角从操控一切的上帝变为拥有独立身份背景的英雄，在地图中与中立单位进行互动，并通过完成任务和击败对手等行为获取游戏快感。这种在 RTS 基础上衍生而来的模式也被暴雪命名为 RPS，即 "Role Play Strategy"，意为角色扮演策略。

经过三年的重新打磨，暴雪在 2002 年交出了一份让人满意的答卷。是年 7 月推出的《魔兽争霸 3：混沌之治》延续了暴雪在前作中深度的剧情塑造功底，在兽族、人族和暗夜精灵族携手对抗燃烧军团入侵的主线剧情下，人类王子阿尔萨斯、兽人部落领袖萨尔等角色的命运起伏牵动着玩家的神经。和《星际争霸》一样，游戏中的不同种族有着与之对应的作战单位以及一整套操作策略，但不同的是，《魔兽争霸 3》将最初关于"英雄"的创意予以了保留。

这个特性在次年问世的《魔兽争霸 3：冰封王座》中得到了进一步强化。游戏共包含人族、兽族、不死族和暗夜精灵族四大种族，而每个种族中有四个定位各异的英雄，如兽族英雄"剑圣"擅长偷袭、人族英雄"圣骑士"擅长治疗，加上隶属中立阵营的八名额外英雄，四个种族和二十四名英雄带来的组合玩法产生了奇妙的化学反应。游戏一经发售，在短短两周内便达成了 550 万套的销量。

2. 研发历程、销量和历史意义

游戏的走红让暴雪一举奠定了自身在游戏界的地位。尽管这家公司最初的成长离不开对《沙丘 2》的模仿，但它从来没有放弃对游戏创新的坚持。而在推出《魔兽争霸 3》(见图 4-4) 的同时，另一个游戏附带的功能也在不经意间改写了电子游戏的发展进程。

图 4-4 《魔兽争霸 3》

这个附带功能叫做 WarCraftⅢ World Editor (《魔兽争霸》地图编辑器)，也被玩家和创作者们亲昵地称为"WE"。早在 1995 年发布的《魔兽争霸 2》中，为了鼓励玩家创作额外关卡的地图编辑器便已首次出现，从《红色警戒》到《帝国时代》，这个编辑功能似乎成了所有 RTS 游戏的标准配置。但"WE"的伟大之处在于：它足够简单，以至于在创作开发上几乎实现了零门槛。

从理论上说，游戏引擎和复杂烦琐的代码编程是任何一款电子游戏得以成功开发的基石。而得益于地图编辑器的强大功能，只要是在《魔兽争霸 3》中所涵盖的寻路算法、单位控制以及攻击防御等游戏系统，都能让业余爱好者以极低的学习成本完成二次创作。美术设计层面的成果同样也被暴雪"打包"放进了编辑器里，大到地形地貌的设定，小到游戏人物的贴图,所有需要专业基础的开发操作都被省去,玩家只需要发挥自己对游戏玩法的想象力,就能打造出新的游戏世界(见图4-5)。

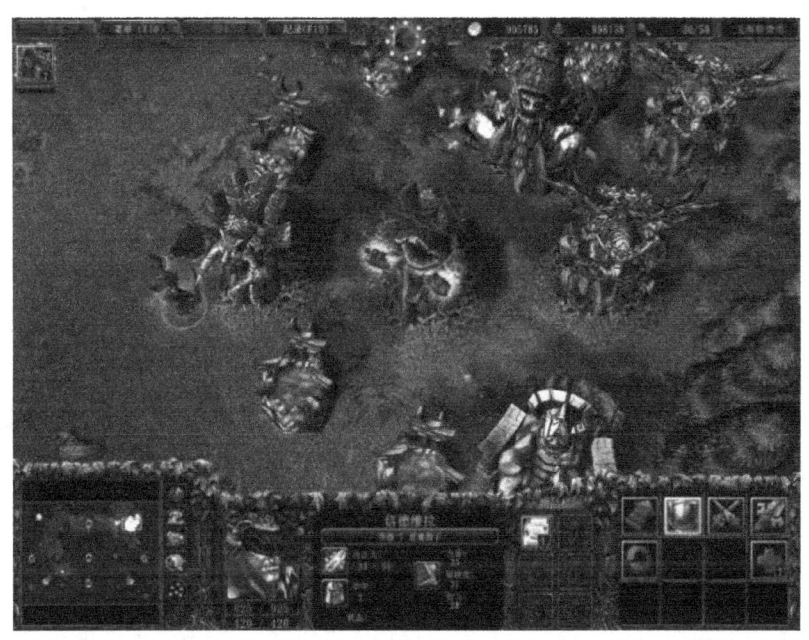

图4-5 《魔兽争霸3》游戏截图

在这场玩家的DIY运动中,各种匪夷所思的创意被成批量地搬上了游戏论坛,又在相互交流借鉴的过程中不断改进。其中有第一人称视角的射击、仙侠风格的RPG冒险,甚至还有热门游戏《绝地求生》的创意雏形:在名为达尔文岛的地图上,玩家化身为怪物,在与野怪和其他玩家的厮杀中提升等级,直到成为最后的胜利者。

Eul是众多地图创作者中最神秘和特殊的。他在《魔兽争霸3:混沌之治》问世后,利用地图编辑器制作了一张新地图,游戏规则被改编为纯粹以英雄为主的"5V5"对战模式,英雄的大多数技能仍然与原版游戏相同。这个模式很快在论坛上受到了追捧,它拥有一个与《魔兽》剧情颇为契合的名字,叫作"Defense of the Ancients",简称"Dota"。

在《魔兽争霸 3》持续高涨的热度下，暴雪开始将注意力转向开发游戏的竞技性。与其他的游戏厂商不同的是，暴雪所擅长的并不仅是埋头开发品质优秀的游戏，如何在最大程度上挖掘游戏潜力始终是这家公司的特长所在。

事实上，暴雪早在 1997 年就察觉到了互联网普及对电子竞技的影响，并设立了"战网"作为游戏在线服务器。1998 年发售的《星际争霸》将数以万计的游戏玩家引入了"战网"，他们在通过剧情战役模式熟悉了游戏操作后，通过网络向屏幕另一端的玩家发起挑战。在 1999 年，暴雪举办的电子竞技比赛让"战网"和《星际争霸》的影响力同时获得了提升，也大大降低了因《毁灭战士》产生的负面影响。对电子游戏抱有排斥心理的人们也逐渐意识到：没有血浆和丧尸的游戏同样具有无与伦比的魅力，并且在激烈的对抗中展现着智力方面的高强度竞争。截至《魔兽争霸 3》推出前，"战网"的注册用户数已经接近千万人。

为了提升普通玩家对游戏对战的热情，"战网"的功能也随着互联网技术的更新而逐渐完善。当魔兽玩家进入"战网"，服务器的匹配机制将寻找游戏水平相近的玩家进行多人对战。游戏产生的所有数据都被保存在服务器上，而游戏的输赢则会转化为定额的积分增减，以此作为下一场游戏的匹配依据。

当然，这个积分系统并不仅仅是确保匹配玩家水平相近的依据，对于每一个热衷于游戏对战的玩家来说，积分榜上的排名永远是荣誉和成就的最佳标志。在很长一段时间里，这个叫作"天梯"的积分系统还充当着电子竞技职业选手的训练平台，这些结合了天赋与努力的顶尖玩家轮番在榜首享受竞技带来的乐趣。

2003 年，享有"电子竞技奥运会"之称的世界电子竞技大赛（World Cyber Games）正式将《魔兽争霸 3》列入比赛项目名单。同年的 WCG

在韩国首尔举办,一名叫做郭斌的中国男孩首次出现在全世界电竞选手和爱好者的目光下,他只有 19 岁,在《魔兽争霸 3》的比赛中用"ChinaHuman & CQ2000"的 ID 夺得了世界亚军。郭斌的胜利,成为中国选手跻身世界电竞舞台的开端。

4.2.2 《刀塔》

1. 游戏介绍

在电子游戏的发展进程中,《刀塔》似乎是一个"异类"。它拥有超过十年的游戏生命、全球范围内数千万的玩家数量,更是凭借一己之力奠定了 MOBA(多人在线战术竞技)游戏的地位。然而,它却并非出自游戏厂商,而是由数位纯粹出于兴趣的游戏爱好者共同制作而成。毋庸置疑的是,这是一款堪称传奇的游戏。

时间回溯到 2002 年,暴雪推出的《魔兽争霸 3:混沌之治》在市场上获得了巨大成功。随着游戏附带的地图编辑功能被玩家所发掘,创建并上传自己制作的地图成为新的流行趋势,其中就包括一张名为"Defense of the Ancients"的作品,简称为"Dota"。这张地图的构思创意来自《星际争霸》,而创作者 Eul 将《魔兽争霸 3》的核心玩法简化成了"5V5"式英雄对战。由于学业压力等原因,这位作者很快从网络中消失了,但他在退出前开放了制作授权,为日后的更新与演进做了铺垫。

Eul 的退出没有让这张地图就此走向没落,备受启发的创作者们纷纷围绕 Eul 设计的作品开始二次创作。虽然这些新地图的质量参差不齐,但仍然涌现出了许多英雄和技能层面的优秀创意,Meian 和 RangOr 两位创作者索性将其中的精髓部分进行整理,以此为基础制作了 Dota Allstars 系列。这个系列在延续了数个版本的更新后,设计与稳定性都达到了高峰,心满意足的两位主创跟随 Eul 的步伐隐退,但他们没有想到,《刀塔》的历史才刚刚拉开帷幕。

下一个出场的是被国内玩家亲切地称为"羊刀"的 Guinsoo。Guinsoo 是一个相当勤奋的人,他在接手后不到一年的时间里,使《刀塔》先后更新了接近六十个版本。许多《刀塔》乃至 MOBA 游戏中的经典设定正是在他的打理下初见雏形,而由他创建的 Dota Allstars 站点同样诞生了第一场官方举办的竞技比赛。2004 年 11 月,共有 20 支队伍参与了此次角逐。但 Guinsoo 似乎继承了几位前辈的习惯,在暴雪发布《魔兽世界》后,他宣布退出。

然而,接下来的剧情峰回路转。一位由 Guinsoo 招募的制作组成员揽过重担,以数年如一日的坚持更新及自身在游戏设计上的才华将《刀塔》从一张《魔兽争霸》的普通地图打造为最具影响力的游戏之一(见图 4-6)。他的真实身份和照片在网络上始终成谜,唯一被人所熟知的是他的网名"IceFrog",还有用做头像的冰蓝色青蛙。

2005 年,IceFrog 正式承担了《刀塔》6.01 版本的制作工作。此时的《刀塔》虽然已经汇聚了相当一部分人气,但诸多英雄间存在的不平衡和频出的游戏"bug"仍然阻碍着《刀塔》走向成熟。从 6.01 版本到 6.27 版本,对前作的修复工作一直在进行,直到游戏的 6.27 版本基本实现稳定,IceFrog 才开始进行大幅度的创新。正是在同一时期,中国留学生 Heintje 独立完成了《刀塔》的汉化工作,这也是许多中国《刀塔》玩家接触的第一个版本。

《刀塔》6.27 版本在玩家群体中好评如潮,紧接着,IceFrog 在次年推出了 6.32 和 6.37 两个版本。这是一个游戏版本和竞技赛事相互推动的奇妙时刻,由玩家自下而上组织的战队和竞赛在 2006 年已经初具规模,而新发布的版本在稳定性和创新性上一经验证,就被迅速投入到竞赛之中;善于听取玩家意见的 IceFrog 也随着竞技需求不断完善游戏的设计,如增加观战模式、平衡游戏战术等。

图 4-6 暴雪《刀塔》的宣传图

黄金时代的到来是在 2007 年——许多国内玩家会铭记《刀塔》游戏生涯里这个让他们大开眼界的年份。经过一年的磨合,世界各国家及地区的超过 200 支战队出现在 MYM 联赛上,在竞赛采用的 6.41 版本中,几乎每支队伍都拿出了各有特色的战术。日后看来,这场比赛之于《刀塔》至少有着两重意义,一是首次证明了其作为大规模电竞赛事游戏项目的可行性,二是展现了统一规则下游戏魅力的多样性。

暴雪没有想到,这样一款用地图编辑器制作出的游戏竟然能在《魔兽世界》强大的影响力下开辟出一块新的天地。但无论如何,这个宝贵的机会已经不再属于暴雪。受到《魔兽争霸 3》游戏引擎技术的限制,IceFrog 在将《刀塔》延续到 6.8 时代后,选择加入游戏厂商维尔福,以换取更多的技术和运营支持。2013 年,保留着一代血统的《刀塔 2》正式发布。

2. 研发历程、销量和历史意义

在 1993 年 Eul 刚刚制作出第一张地图时,没有人知道《刀塔》的未来将会走向何方。而在 Guinsoo、IceFrog 及众多玩家和开发者的共同努力之下，这个游戏最终有了自己的定义。玩家在游戏中以"5V5"的形式划分为两个阵营，操控英雄在包含上、中、下三条作战道路和野区的地图上进行对抗。

玩家可通过击杀中立生物、敌方部队及英雄获取经验和金币，后者可用于在商店中购买装备，进而增强英雄属性，形成优势。游戏的胜利条件是率先摧毁敌方大本营中的遗迹建筑，而团队配合与个人的操作技术、大局意识同样重要。从一开始，这就是一个从未出现过的游戏类型。它拥有不逊于《魔兽争霸3》的对抗强度，又在操作门槛上有所降低。

《刀塔》之所以在2005年后成为游戏界的热点，除了对非硬核玩家更加友好之外，还有两个重要的原因：其一，最初的《刀塔》并非没有竞争者，由国内创作者"架势"制作的《澄海3C》和《Footmen Frenzy》在制作水准上都与《刀塔》相近，但IceFrog在完善游戏上近乎洁癖的执着让《刀塔》成功走到了最后，他在《魔兽世界》势头正旺时接过了满是"bug"的游戏，并花费了接近十年的时间，为游戏玩家带来了一个完美的《刀塔》；其二，《刀塔》的流行恰恰处在电竞运动快速成长的阶段，每段顶尖选手对决的录像都曾是众多玩家疯狂钻研学习的教程。从某种意义上说，这是游戏口碑和电竞的规模效应引发的成功（见图4-7）。

《刀塔》在2005年经汉化引入中国，2005年下半年，游久论坛《刀塔》区开始零散地组织游戏爱好者竞赛。在众多临时组建的战队里，一支叫做"Godlike"的战队成绩突出，接连取得了几次冠军。担任战队队长的"小熊猫"和"万宝路"当时是温州大学的两名学生，在2006年年初听说有台北战队来访后，这个刚创立的战队很快接受了台北战队的比赛邀请。但由于《刀塔》在大陆的汉化版本更新总是慢了半拍，还用着落后战术的"Godlike"第一次遭遇了惨败。

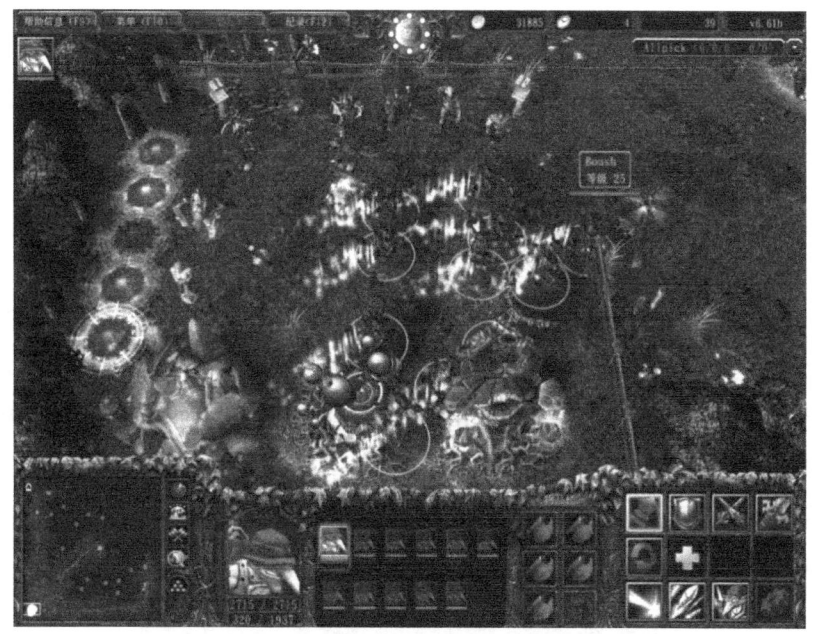

图 4-7 《刀塔》游戏截图

2006年是《刀塔》赛事在中国正式落地生根的一年。CPL2006在中国站加入了《刀塔》项目；影响力颇大的游久论坛举办了第一届邀请赛；中国《刀塔》联赛（CDL）亦在同年12月宣布开赛。这些赛事的举办终于让各家战队摆脱了半娱乐性质，对国内《刀塔》的整体竞技水平有了初步认识。"小熊猫"和"万宝路"很兴奋，尽管全国范围内的赛事在难度上已非最初的论坛赛可比，但他们仍然取得了不俗的成绩，并且结识了IFNT、HTML等国内强队。

2007年，这支队伍的身影出现在了WCG（世界电子竞技大赛）亚锦赛上。这时距《刀塔》引入中国尚不到两年时间，对于很多外国人来说，这支队伍的出现打破了他们长久以来对中国大陆在《刀塔》领域的"孤岛"印象。这种好奇最终变为台下的掌声与惊叹，"Godlike"在决赛中击败了来自马来西亚的战队，赢得冠军。

4.3 赛　　事

4.3.1 国际赛事

1. WCG

说起国际性的电竞赛事,就不得不提有着"电竞奥林匹克"之称的世界电子竞技大赛(World Cyber Games,WCG)。WCG 由韩国国际电子营销公司(Internation Cyber Marketing,ICM)主办,由三星和微软提供赞助。WCG 自 2001 年开始举办,每年一届,持续了 14 年(见图 4-8)。这个大型赛事见证了中国第一批电子竞技职业选手的奋斗史,也让许多电竞老玩家留下了青春回忆。

图 4-8　WCG LOGO

(1)发展史。

2000 WCG Challenge(见图 4-9)在韩国首尔举办(WCG 前身):在第一届 WCG 举办之前,韩国曾举办了一场涵盖 17 个地区、4 个项目的电子竞技邀请赛,名为"World Cyber Game Challenge",这可以算是 WCG 的雏形。这场比赛选择了当时正热门的几款游戏,包括《星际争霸:母巢之战》《雷神之锤 3》《帝国时代 2》和《FIFA2000》。

图 4-9　2000 WCG Challenge 官方海报

WCG2001 在韩国首尔举办：得益于 WCG Challenge 的成功举办，ICM 获得了三星公司的赞助，正式开始筹备 WCG 国际电子竞技大赛（见图 4-10）。WCG 以 "Beyond the Game" 为口号，在多个国家举办了预选赛，致力于让全球的顶尖游戏玩家齐聚一堂，促进电子竞技文化的发展和传播。首届 WCG 不仅包括 WCG Challenge 中的四款游戏，还增加了《反恐精英》。作为一个主打团体对抗的竞技游戏，《反恐精英》无疑是电子竞技的最佳代表之一。

图 4-10　WCG2001 世界总决赛官方主 KV 设计

WCG2002 在韩国大田举办：首届 WCG 在国际上打响了知名度，到了 2002 年的第二届 WCG 时，不但参赛国家和选手更多了，奖金数额也翻了一倍多——从六十万美元上涨到一百三十万美元（见图 4-11）。WCG2002 总决赛时间定在 10 月，从当年 3 月开始，各个预选赛赛区就开始了比赛，争夺前往决赛的门票。这一届 WCG 上出现了中国战队的身影，参加了全部四款游戏项目的角逐。

图 4-11　WCG2002 世界总决赛官方主 KV 设计

WCG2003在韩国首尔举办：2003年，第三届WCG再次返回首尔举办。这届WCG中有55个国家派出战队参赛，最终有562名选手进入世界总决赛（见图4-12）。经过前两届赛事的成功举办，WCG已经积攒了极高的人气。同时，正是在这一届WCG上，《魔兽争霸3》第一次作为比赛项目加入。

图4-12 WCG2003世界总决赛官方主KV设计

WCG2004在美国旧金山举办：2004年的WCG终于展现出了一项国际赛事应有的风范，首次将决赛场地放在了韩国国外，众多高手会师美国旧金山（见图4-13）。在这一届赛事中，比赛项目范围首次突破了计算机游戏的限制，将XBOX平台上的电视游戏也纳入比赛项目中。这时的WCG已经越来越有电子竞技奥林匹克的味道，是众多玩家们期盼的一场年度游戏盛会。同时，自从WCG2004迈出国门后，2005~2013年的决赛比赛场地便开始了一场全球巡礼。

2008年之前，WCG一直处于稳步发展的状态，然而随着金融危机的到来，全球娱乐行业都受到了影响。资本市场的动荡，导致赞助商投资更加谨慎。在这一年里，整个电子竞技行业都进入了寒冬，WCG也不可避免地走向了没落。

图 4-13　WCG2004 世界总决赛官方主 KV 设计

2014 年,WCG 组委会宣布停止一切赛事,持续了长达 14 年的 WCG 就这样画上了句号。

(2) 中国选手成绩。

尽管在许多人的印象中,电子竞技在中国的崛起不过是近几年的事情。实际上,中国电竞文化在 21 世纪之初就已经诞生了。从 2000 年的 WCG Challenge 到 2013 年最后一届 WCG,我们都看到了中国选手的身影。

2000 年,中国的电子竞技行业还处于启蒙阶段,在韩国首尔举行的 2000 WCG Challenge 上,虽然有六名中国选手受邀参加比赛,但遗憾的是没有取得任何战果。

在 2001 年的首届 WCG 上,中国选手们出人意料地取得了好成绩,拿到了两个冠军,马天元(MTY)和韦奇迪(DEEP)获得了《星际争霸》"2V2"项目冠军,林晓刚和阎波在《FIFA》团体赛上夺得冠军。这是中国电子竞技选手第一次在知名国际赛事上夺冠,也让所有的中国玩家意识到,中国电子竞技的未来充满希望。从这时起,中国电竞人的信心得到了增强,敢于主动和国际一流强队竞争。

有了上一届比赛打下的良好基础,中国电子竞技选手在 2002 年的第二届 WCG 上延续了上佳状态。2001 年小组赛中未出线的《雷神之锤 3》的选手——游戏 ID 为 "RocketBoy" 的孟阳,在这届比赛中不但小组赛保持不败,还一路杀进了半决赛,最终获得了《雷神之锤 3》单人项目的第四名。同时,他还和游戏 ID 为 "Jibo" 的樊智博共同获得了《雷神之锤 3》双人项目的第四名(见图 4-14)。

图 4-14　2002 年 WCG 颁奖现场

上一年的冠军马天元在众多韩国选手中杀出重围,取得了《星际争霸》单人项目第五名的好成绩,游戏 ID 为 "=C.P=HK" 的何克和游戏 ID 为 "Star.Leona" 的刘凌则拿到了第四名。在《FIFA》项目上,林晓刚和陈迪分别获得了单人项目的第四名和第五名,林晓刚还和钱小立一同进入了该双人项目四强。

在2003年这一届WCG上,中国的参赛选手仍然保持了很高的水准,其中包括《FIFA》名将——游戏ID为"SkyLine"的李君、"星际"高手马天元和"魔兽"选手——游戏ID为"MagicYang"的周晨等人。但是除了这些以往具有优势的项目之外,本届WCG最令国内电竞人激动的是,在《反恐精英》项目上也取得了傲人的成绩。

在WCG2003中,代表中国参加《反恐精英》项目比拼的是deViL*United战队。他们以小组第二的名次出线,最终止步于八强,但这已经是中国的CS战队在WCG中取得过的最好成绩了。直到今天,FPS游戏都是欧美队伍的强项。而本届WCG上中国战队的表现,让国内的《反恐精英》玩家们燃起了希望和熊熊斗志。

2004年,WCG第一次走出韩国,来到美国旧金山举办。然而受到"9·11"恐怖袭击的影响,美国的签证审核十分苛刻,许多获得了决赛资格的选手都遭到拒签。最终,只有两名中国选手成功参与了《FIFA》和《星际争霸》项目的角逐,但并没有取得亮眼的成绩。

2005年,WCG的决赛场地选在了新加坡。很多上一年由于签证原因未能参赛的选手都憋着一口气,想要在WCG2005上一展身手。这一年代表中国参赛的18名选手堪称"史上最豪华阵容",尤其是在《魔兽争霸3》项目上,汇集了游戏ID为"Sky"的李晓峰、游戏ID为"xiaOt"的孙力伟、游戏ID为"suhO"的苏昊这三位国内顶尖高手。

这三人并没有让大家失望,都成功从小组赛出线,并且进入了十六强。最终,xiaOt未能更进一步,suhO也在八强赛中败给了美国天才暗夜选手ShortRound,只有Sky一路过关斩将进入了决赛。在决赛中,Sky展现出了扎实稳健的打法,干净利落地以2∶0击败ShortRound,赢得了该年度WCG《魔兽争霸3》项目的冠军。

正是因为这次夺冠,Sky在国际上获得了"人皇"的称号。Sky取得的这个冠军，对国内电子竞技行业发展的影响是十分重大且深远的。从这时开始，越来越多的人投入到这个行业中，中国电子竞技得到了长足的发展，因此 Sky 也被称做"中国电子竞技第一人"。

这次比赛过后，大量中国玩家受 Sky 的影响，开始接触《魔兽争霸3》。从此，《魔兽争霸 3》项目不再是韩国玩家的天下。

还是在这届 WCG 中，游戏 ID 为"Storm"的王伟获得了《星际争霸》项目的第四名，这也是当时中国选手在该项目上取得的最好成绩。

在意大利蒙扎举办的 WCG2006 决赛中，有 14 名中国选手参加。其中最引人注目的莫过于当时中国最强的《反恐精英》战队 wNv，以及在上届比赛中夺得《魔兽争霸 3》冠军的 Sky。那时的 wNv 风头正盛，在小组赛中以全胜的成绩出线，许多玩家都对之报以极大的希望。然而事与愿违，在十六强比赛中，wNv 惜败于韩国 Hacker.PK 战队。

在《魔兽争霸 3》项目上，两名初次参赛的小将 Syc 和 Rabbit 都没能走到最后，中国队只剩下 Sky 孤军奋战。也正是在这种情况下，Sky 再次向全世界证明了自己的实力。从十六强比赛开始，Sky 对阵的都是国际排名前列的顶尖选手，并且都取得了胜利。在最终的决赛中，Sky 和 ToD 展开了一场人族内战，最终用 2∶0 的绝对优势干脆利落地赢得了比赛，成功卫冕。凭借这场胜利，Sky 成了第一个进入 WCG 名人堂的中国选手。WCG2006 是属于"人皇"Sky 的舞台。

2007 年在美国西雅图举办的 WCG 总决赛，对许多国内玩家来说是充满了遗憾的一届比赛。在这届比赛中，wNv 再次止步十六强，孤军奋战的 Sky 也没能创造奇迹。但令很多人出乎意料的是，PJ 在《星际争霸》项目中击败了韩国传奇选手 IpxZerg 晋级四强。虽然 PJ 在决赛中不敌另一位韩国顶尖高手 Stork，但他仍然创造了中国《星际争霸》选手在 WCG 赛事中的最好成绩。

WCG2008 可以说是中国战队在历届 WCG 比赛中表现得最糟糕的一次。已经连续两年没有取得理想成绩的 wNv，由于签证问题无法参加。而 Sky 爆出了更大的冷门，在国内预选赛阶段就被淘汰。其他选手的表现也不尽如人意。在这一届 WCG 上，LoveTT 晋级《星际争霸》四强，是中国选手唯一拿得出手的成绩。

2009 年，WCG 总决赛第一次来到中国，在成都举行。与上一年相比，中国参赛选手们的状态有所回升，Sky、Infi、Fly 三人代表中国队参加《魔兽争霸 3》项目，打出了充满激情的比赛。最终由 Infi 夺得冠军。

在 WCG2010 总决赛中，中国队再次失利，几乎颗粒无收。在本届 WCG 上，游戏 ID 为"Zola"的中国选手杨正获得了《FIFA》项目的亚军，这是硕果仅存的一枚奖牌。

在韩国釜山举办的 WCG2011 总决赛中，中国队夺得四块奖牌，位列奖牌榜第二位。东珈 AB 获得了《穿越火线》项目冠军，Sky 获得了《魔兽争霸 3》项目亚军，XiGua 获得了《星际争霸 2》项目亚军，Fly100 获得了《魔兽争霸 3》项目季军。

2012 年，WCG 总决赛再次来到中国举办。在本届比赛中，《魔兽争霸 3》项目的四强被中国选手占据了三位。其中，Fly 与 TeD 会师决赛，最终由 TeD 夺冠，而 Sky 则击败了韩国选手 Moon 获得季军，将三枚奖牌尽数收入中国队囊中。同时，iG 战队战胜了越南 FREEDOM 战队，夺得了《穿越火线》项目冠军。

2013 年，也是 WCG 举办的最后一年，这一届总决赛在中国昆山举行。最终，中国选手 THOOO 击败韩国选手 Moon，夺得了 WCG 最后一个的《魔兽争霸 3》项目的冠军。在《穿越火线》项目上，中国战队夺冠。首次参加 WCG 的《英雄联盟》战队 OMG 和 WE 分别夺得了第二名和第三名,展现出了不俗的实力。至此,长达 14 年的 WCG 赛事宣告结束。

2. CPL

在国际电竞史上,WCG 出现得较晚,更早的大型国际电竞赛事当属 CPL(Cyberathlete Professional league,电子竞技联盟)。与 WCG 相比,CPL 的赛事章程较为简单。比赛面向公众开放报名,只要年满 17 岁就能参加,而且在世界各地轮流举办。直到 2005 年 CPL 才首次确定了奖金总额,竟然高达 200 万美元。如果说 WCG 是全球顶尖高手们一争高下的赛事,CPL 则更像是玩家们的一场盛大狂欢。

在中国,CPL 的名气远不如 WCG,主要是因为 CPL 的比赛项目并不包括当时国内流行的《星际争霸》和《魔兽争霸 3》。但是,中国的第一个国际电子竞技冠军,就出现在 CPL 上,他就是游戏 ID 为"RocketBoy"的孟阳。之所以起了这样一个游戏 ID,是因为孟阳在游戏中非常擅长使用火箭发射器。他是亚洲范围内顶尖的 FPS 电竞选手,并在 2004 年 CPL 冬季超级锦标赛上获得了《毁灭战士 3》项目的世界冠军。

4.3.2 国内赛事

1. CIG

CIG,全名为"中国电子竞技大会(China Internet Gaming)",是由原国家信息产业部相关司局于 2002 年发起,人民邮电报社联合中国互联网协会等机构主办,文化部、共青团中央及中国各大通信运营商共同支持的网络游戏比赛(见图 4-15)。CIG 并不仅仅是比赛,还包含了与电子竞技相关的展览、论坛、峰会等,旨在建立一个中国电子竞技文化传播交流的平台。

图 4-15 CIG 启动仪式

CIG 提出了"为电子游戏正名"的口号,力图打破曾经人们视电子游戏如洪水猛兽的态度,传播更加健康、积极、向上的游戏理念与游戏精神。

CIG 倡导全民参与、全民获奖,从比赛的项目设置上就下足了功夫。除了当时热门的电子游戏,CIG 还引入了中国象棋、中国军棋、斗地主、飞行棋等老少皆宜的休闲游戏比赛。真正做到了人人都可以参与其中。CIG 的全民娱乐精神,直到今天仍然能够体现。

全民参与并不代表 CIG 在专业程度上有所欠缺,对于那些举办时间久、知名度高的电竞比赛项目,CIG 邀请了众多顶尖选手参加,还促进了两岸三地电竞文化的共同发展。CIG 将比赛推广到高校中,为中国电子竞技的未来培养了新生力量。

据统计,首届 CIG 参赛人数高达 12 万人,创下了吉尼斯世界纪录。最近的一届 CIG 比赛中,参赛人数甚至超过了 20 万,比赛场地遍布中国多个城市,来到现场观看比赛的人数超过19万。同时,CIG与斗鱼、熊猫等直播平台开展合作,对比赛进行现场直播,观看人数累计超过了2500万。

2. StarsWar

2005年之前,国内举办的电子竞技赛事几乎都是参考WCG的比赛模式。选手们经过层层选拔和淘汰进入决赛,争夺最后的冠军。2005年,WE战队的创始人周豪提出了一种全新的比赛模式,这就是StarsWar——国际电子竞技明星邀请赛(见图4-16)。StarsWar邀请的都是已经成名的电子竞技明星们,还提出了按照国籍划分队伍进行对抗的比赛模式。

图4-16 StarsWar

第一届StarsWar国际电子竞技明星邀请赛在上海举办,选手是来自WE战队的中国队员及韩国队员。比赛当天,现场气氛十分火爆,比赛一直持续到深夜,竟然还有很多观众没有离开,坚持看完比赛。由于观众的热情支持,StarsWar得以举办下来。同时,它保持了创新的本色,不断尝试新的模式,如与直播相结合。

与传统的电竞赛事不同,StarsWar这类的全明星赛事更加注重娱乐性。同时,因为参加比赛的都是顶尖的职业选手,比赛质量和观赏性也能得到保证。二者结合起来，便能吸引更多的观众。不懂游戏的人们可以从欣赏比赛中获得乐趣，选手们也能更加纯粹地享受游戏。

4.4 俱乐部

4.4.1 国外著名电竞俱乐部

1. 欧洲——英国的 4Kings、德国的 SK Gaming 和丹麦的 MYM

欧洲的电竞俱乐部由于成立较早，所以早期队员大都源自 FPS 游戏，后来逐渐扩展队伍。欧洲电竞俱乐部最大的特点就是稳重、持久，管理层都是有经验的年龄较大的管理者，他们的管理松散，大部分都是线上交流。欧洲著名的电竞俱乐部有很多，主要有英国的 4Kings（见图 4-17）、德国的 SK Gaming 和丹麦的 MYM。这些俱乐部有非常强的服务意识，为了给粉丝更好的体验，很多俱乐部都已经建立了自己的官网等媒体。

图 4-17　4Kings 俱乐部

4Kings 俱乐部于 1997 年在英国成立,也是英国仅有的一支职业电竞俱乐部。在世界电子竞技史上,4Kings 属于元老级俱乐部之一。该俱乐部的主要竞技项目为《雷神之锤》,但是在其他项目上也取得了不错的战绩。2005 年,其《魔兽争霸 3》战队在还没有解散之前,仍然是世界高水平战队之一。2005 年,在代表《魔兽争霸 3》最高水平的职业战队联赛 WC3L 中,即使 MYM 和 SK Gaming 拥有超强明星阵容,4Kings 却能以压倒性的优势轻松夺冠。但是,正如历史上的某些强大的王朝一样,4Kings 俱乐部终于不堪重负,从 2007 年开始没落。4Kings 俱乐部的知名选手有 ToD、Grubby 等。

来自德国的 SK Gaming(原名"Schroet Kommando")俱乐部是公认的最成功的电子竞技俱乐部之一(见图 4-18)。该俱乐部的主打项目是 FPS 游戏,特别擅长《反恐精英》1.6。SK Gaming 联合 4Kings、Fnatic、Team3D、Mouseports、Made in Brazil 和 Ninjas in Pyjamas 共同组建了电竞联盟 G7。

图 4-18　SK Gaming 俱乐部

SK Gaming 俱乐部之所以在《反恐精英》项目上取得了巨大成功,是因为瑞典传奇战队 Ninjas in Pyjamas(简称"NIP")的加入。这导致俱乐部虽然总部设在德国,但是队员大部分是瑞典人。有了如 HeatoN

和 Potti 等高手的帮助，SK Gaming 俱乐部的《CS》战队包揽了几乎所有比赛的世界冠军，还在 CPL 上实现了卫冕。

2003 年 1 月 1 日，SK Gaming 成了第一个与选手签约的 FPS 游戏俱乐部，这之后还进行了很多商业模式上的创新。2005 年，SK Gaming 成了第一支收取转会费的俱乐部。从这时可以明显看出，欧洲电竞俱乐部的商业模式已经提早走向成熟。

2005 年年初，由于奖金分配问题，《CS》战队的队员在 HeatoN 和 Potti 的带领下集体出走并重新组建了"睡衣忍者（Ninjas in Pyjamas）"俱乐部。不久之后，除了这两位高手之外的几乎全部队员又重新回到了 SK Gaming 俱乐部。这时的《CS》项目上具有统治力的队伍已经不存在了。从这一年开始，俱乐部内部分裂时有发生，但这样也无法阻挡 SK Gaming 俱乐部的辉煌之路，SK Gaming 俱乐部在几乎所有的游戏领域都取得了让人望尘莫及的辉煌成就。

2009 年，受金融危机影响，很多电子竞技公司和俱乐部纷纷倒闭，SK Gaming 也不例外。其受电子竞技寒冬的影响，加上俱乐部内部的变动，热门的项目几乎全部被裁掉，只有一些冷门项目得以保留。

MYM（Meet Your Makers）俱乐部在 2000 年成立于丹麦（见图 4-19），创建者是马克彼得·墨西·弗莱斯。最初，MYM 俱乐部的主攻项目是《反恐精英》，但是随着俱乐部的不断发展，又成立了其他游戏战队。MYM 俱乐部在巅峰时期拥有数十个战队，涵盖主流游戏，如《魔兽争霸 3》《反恐精英》《光晕》《刀塔 2》等，知名选手有 Moon、Lucifer、Susiria、Grubby 等。虽然该俱乐部以《反恐精英》起家，但是为之赢得最多荣誉的却是《WAR3》项目。

MYM 俱乐部最先实现了 NGL 和 WC3L 比赛的大满贯。尽管 MYM 俱乐部取得了如此辉煌的成绩，却依然没能挺过 2009 年到来的电子竞技寒冬，被迫解散。

图 4-19　MYM 俱乐部

2. 北美——美国的 Team 3D 和加拿大的 Evil Genius

北美地区比较著名的电竞俱乐部是美国的 Team 3D 和加拿大的 Evil Genius。

Team 3D 俱乐部名称中的"3D"指的并非是三维，而是取自英文"Desire（渴望）"、"Discipline（纪律）"和"Dedication（奉献）"三个词的首字母。该俱乐部总部位于纽约，因此也被称作"3D.NY"。其是美国最著名的职业电子竞技俱乐部，主要项目为《反恐精英》，兼顾《魔兽争霸3》和《起源》。Team 3D 俱乐部有一批顶级赞助商，包括英特尔、森海塞尔和 PNY 等。

Team 3D 俱乐部的最大特点就是速战速决，以极大的热情为战术。与讲究团队配合、稳扎稳打的欧洲团队不同，其用最快的速度、最强的气势和简单有效的战术解决对手,尽量在技术层面解决战斗,而不是拖延到最后比拼心理上的抗压能力。

Evil Geniuses 这个名字来自一支 1999 年成立于加拿大的《雷神之锤》和《反恐精英》竞技俱乐部,但是其发展得不顺利,经理和队员在俱乐部运营上有不同意见,因此面临解散的危机。关键时刻,为俱乐部撰写稿件的主编亚历克斯·加菲尔德说服了队员留下,他去寻找新的赞助商。他原本只是抱着试一试的心态,最后竟然真的找到了一些赞助商接手了俱乐部,从而使 Evil Geniuses 这个名字一直留存到了今天。如今,Evil Geniuses 俱乐部是北美地区电子竞技的代表,旗下拥有《星际争霸 2》《反恐精英》等多个竞技战队,均表现出色,知名队员有 Bl00dsh0t、Wicked 等。

3. 韩国 KeSPA 和 SKT T1

由于韩国电竞的发展是以《星际争霸》为开端的,所以韩国的俱乐部都起源于《星际争霸》。

KeSPA 是韩国职业电子竞技协会(Korea eSports Association)的缩写(见图 4-20)。它本身是一家管理机构,负责管理和协调韩国的电子竞技行业活动。电子竞技的主流项目如《星际争霸》、《星际争霸 2》、《刀塔 2》和《英雄联盟》等,都由 KeSPA 负责。

图 4-20 KeSPA

第四章 爆发（2001—2007）

《星际争霸》在韩国走红之后，带来了韩国电子竞技的高速发展。职业化战队越来越多，为了便于管理，KeSPA 就此成立。起初，KeSPA 只负责管理参加《星际争霸》比赛的战队和选手，随着赛事规模的扩大，KeSPA 开始与两大联赛 OSL 和 MSL 合作。战队或者选手要想得到参赛资格，要先通过 KeSPA 组织的测试。韩国电子竞技选手的排名也是以 KeSPA 给出的排名为基准的。

在《星际争霸》流行的年代，KeSPA 有力地促进了韩国战队在这一项目上的健康发展，实现了对《星际争霸》比赛十多年的统治。在此期间，战队和选手的水平都得到了提高，韩国电子竞技的职业化道路从此走上了高峰。

SK Telecom Team 1，简称为"SKT T1"，是韩国最早的电竞俱乐部之一（见图 4-21）。2002 年，韩国《星际争霸》高手 Boxer 创建了 Orion 战队。该战队曾于 2003 年短暂更名为 Union，次年得到了韩国通信领域霸主 SK Telecom 的赞助，因此改名为 SK Telecom T1，并持续至今。

图 4-21　SKT T1 俱乐部

SKT T1 俱乐部起初以《星际争霸》项目知名。2011 年，该俱乐部又成立了两支《英雄联盟》战队。后来，俱乐部与其中的一支战队解约，并新签下了一支战队。现有的两支《英雄联盟》战队分别名为 SKT T1 K 和 SKT T1 S。

4.4.2 国内著名电竞俱乐部

1. wNv

wNv 的名字来自英文单词"Wisdom（智慧）"、"Nerve（勇气）"和"Victory（胜利）"，意为智慧加上勇气就会带来胜利。这支俱乐部成立于 2003 年 7 月，是当时国内俱乐部中规模最大和资金投入最多的俱乐部（见图 4-22）。wNv 成立之初的队员来自四川 NC 战队，与其他老牌战队相比稍显稚嫩，无论是经验还是实力都和一流战队存在差距。其在发展过程中，不断调整成员配置，最终形成了在《反恐精英》项目上最强的国内战队。

图 4-22 wNv 俱乐部

在 2005 年的 WEG 第三赛季中，wNv 俱乐部展现了强大的实力，战胜了很多国际知名的强队，获得了冠军。2006 年，在 WEG 大师杯上，wNv 俱乐部的战队再次问鼎，一度排名世界第一。随后，其状态持续下滑，在国际大赛中表现不佳，队员也出现了流失，最终解散。

2. EHOME

EHOME 成立于 2005 年 4 月，是北京地区得到中华全国体育总会授权认可的唯一一支 A 类电子竞技俱乐部（见图 4-23）。它是国内最早的电子竞技俱乐部之一，从创立之初就以成为世界一流俱乐部为目标。

图 4-23　EHOME 俱乐部

对于《刀塔》迷来说，EHOME 俱乐部是中国的骄傲。EHOME 是世界《刀塔》史上一个里程碑式的俱乐部。在 2010 年，EHOME 俱乐部一举拿下 10 个比赛的冠军，完成了"十冠王"的伟业。2010 年，EHOME 俱乐部面对世界一流高手的围堵，费尽千辛万苦拿下了 ESWC 总决赛冠军。

2009 年年底，EHOME 俱乐部成立了《魔兽争霸 3》战队，并取得了不俗的成绩。但是好景不长，2012 年，由于投资人不再投资，俱乐部的运营难以为继，最终解散。可以看出，商业模式的不稳定会带来毁灭性影响。俱乐部只依赖一个投资人的资金，面对撤资时抵御风险的能力非常低。

4.5　政　　策

如前文所述，从 1998 年开始，中国互联网的发展速度可以用一日千里来形容。网速越来越快，网络资费越来越低，国外游戏大量进入中国，这些都使网民数量大幅提升。但同一时间，个人计算机的普及却没有跟上互联网的发展速度，因此网吧在全国大量出现，电子竞技行业开始萌芽。

刚刚兴起的电竞行业的发展会随着大环境的变化而变化,过程也是一波三折。

2002年11月,政府出台了《互联网上网服务营业场所管理条例》,严格限制网吧数量。电竞行业发展所依赖的网吧数量增速下降,其普及发展也受到些影响。

没过多久,电子竞技行业又遭受第二次影响。

2003年,汹涌来袭的"非典"病毒让网吧经营再次受创,电子竞技氛围迅速冷却,很多电子竞技选手外出参赛的计划也因此受阻,有些选手甚至不得不放弃了电子竞技梦想。

然而,就在同一年,国家体育总局将电子竞技正式确立为第99个体育竞赛项目,这一序列编号在2008年被提升至第78位。

这是一个让电竞行业感到惊喜的消息。此时的电子竞技正处在萌芽时期,虽然中国选手已经在WCG(世界电子竞技大赛)上取得了不错的成绩,但这些勇敢者需要面对的仍然是国内舆论对电子竞技的误解。而这次立项不啻一场及时雨,为我国电子竞技的快速、健康发展扫清了障碍。

在2003年里,一切似乎都在朝着好的方向演进。制作精良的电子竞技类节目纷纷上线,并与民间组织的游戏网站及论坛形成内容互补。当WCG在同年10月于韩国举办时,《电子竞技世界》制作的专题节目第一次让国内玩家告别了文字解说的时代。

4.6 平　　台

4.6.1 联众&QQ

在互联网开始兴盛的早期,中国大陆的游戏玩家想要在网上进行对战非常不容易。当时的网络对战平台只有暴雪的"战网",其无法服务国内玩家。在这片属于游戏平台的蓝海中,一批开拓者开始了创业。

热爱围棋的鲍岳桥看到了对战平台的发展机遇,1998年,联众棋牌游戏大厅在他手中诞生了(见图4-24)。联众最初使用的是512K的办公宽带,因此瞄准的是不需要太高技术水准的休闲类游戏。经过几年的发展,到2003年年底,联众的用户数量超过2亿,月活数量达到1500万。当时中国的网络棋牌市场,八成以上被联众占据。

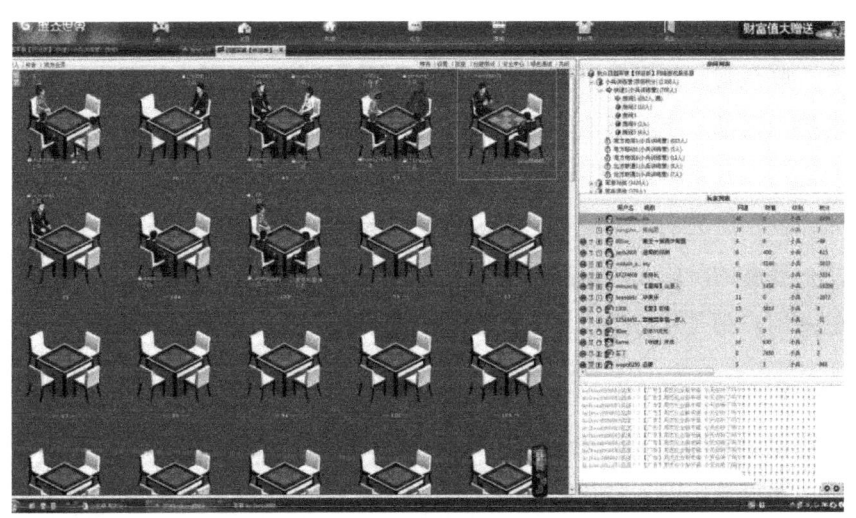

图4-24 联众棋牌游戏大厅界面截图

当腾讯在2003年8月13日发布第一个游戏公开测试版的时候,联众的人参与试玩了一下,做了一个评估,基本结论是:只有军棋、升级、象棋、斗地主和梭哈5个游戏,与联众相比,几乎没有任何改进和新意,"不用怕"。的确,在组建互娱部之前,腾讯游戏组只有4名开发和运营人员,处在起步的阶段。

但是这种情况在腾讯组建互娱部之后开始改变了。互娱部的主管任宇昕开始了大刀阔斧的改革。在他的主持下,腾讯游戏大厅的游戏数量大幅提升，游戏体验也有了质的飞跃。同时，在 QQ 的升级版本中加入了游戏入口。通过 QQ 的引流，腾讯游戏大厅的用户数量呈爆发式增长。

对于联众来说，腾讯的打法令人难以招架。QQ 用户在聊天窗口就可以看到好友的游戏状态，如果感兴趣，可以直接加入游戏。有了数量庞大的 QQ 用户作为基础，玩家数量的增长也就顺理成章了。但是腾讯内部似乎对这种情况缺乏预知，部门约定：用户数增加 1 万人就集体聚餐一次。不到一个月的时间里，聚餐次数达到了 13 次，此后他们默契地忘掉了这个约定。

联众曾经指责腾讯完全照搬自己的游戏种类和规则，甚至连游戏中的提示语都一字不落地抄袭。这使得游戏用户从联众平台转移到腾讯平台之后，几乎不需要适应的时间就可以直接上手，因此很多用户是被腾讯"挖"过去的。但是腾讯否认了这种指责。数据表明，腾讯游戏大厅用户暴涨的阶段，联众的用户数量并未同步剧烈下降。因此腾讯认为，这些用户都是从 QQ 端导流过来的，并非来自联众。

在联众的联合创始人简晶看来，联众其实并非没有突围的可能。虽然腾讯后来居上，从联众手中夺走了很多市场份额，但是联众还有其他的道路可选。因为联众的产品形态极为单一，多年来固守棋牌游戏。而这一游戏门类几乎没有技术门槛，因此出现了众多效仿者，使棋牌游戏成了一片红海。联众要想实现突破，就应该敢于冒险，探索一条新路，引领新的游戏潮流，或者进入大型游戏领域。留给联众的时间并不短，足有两年。转型未必成功，但是拘泥于过去，就必定失败。但是联众没有把握住机会。

在腾讯游戏大厅上线一年后的 2004 年，同时在线人数突破 60 万，当年年底达到 100 万人。同期，联众棋牌游戏大厅的同时在线人数也在 100 万这个数量级。从此之后，腾讯游戏大厅的发展蒸蒸日上，而联众出现下滑。两年后,鲍岳桥离开了他一手创建的联众。

4.6.2 浩方

和大多数互联网企业的创始人一样,李立钧做技术出身,在 1995 年创办了上海浩方科技有限公司,并将主营业务定位在电信系统集成领域。马天元和韦奇迪等中国选手在 2001 年 WCG(世界电子竞技大赛)上的优秀表现让李立钧找到了二次创业的方向,他在同一年组建了上海浩方在线有限公司,准备在网络游戏平台上一展身手。

浩方是幸运的,它的成立刚好迎来了中国互联网的两个重要时刻,其一是宽带建设在政策引导下迈入了快车道,继推出"宽带互联网产业链"计划后,广大网民迎来了"南电信、北网通"的宽带时代。网络建设的空前容量为浩方等内容提供方创造了历史性机遇,素来与电信公司合作密切的浩方很快完成了服务器的铺设。

其二则是紧随"硬件升级"而来的文化扶持政策。2003 年 5 月,国务院常务会议首次将网络文化娱乐列为重点培养及规划的产业热点,文化部随后发布的《互联网文化管理暂行规定》进一步为网络电竞指明了方向。巧合的是,当时国内最大的《反恐精英》专题网站 CcsK.net 由于发展路线问题在内部出现分歧,这个日浏览量超过 20 万次的游戏网站很快被 Esai 收购,走上了商业运营道路,而其一批元老则顺势加入了浩方。

当技术基因得到了网站运营经验的支持,李立钧带领浩方接连发力。一方面,功能强大、运营稳定的浩方电竞平台(见图 4-25)延续了最初的免费策略,承接了大批从亚联流失且具有使用需求的玩家;另一方面,深入到各大高校举办的电子竞技赛事让浩方的名字越来越多地为玩家所熟悉。以 CcsK.net 为蓝本创建的 CGA 官网也起到了同样的作用,在浩方提供的资金支持下,经验丰富的运营、记者和编辑不仅参与了中央电视台体育频道《电子竞技世界》栏目的筹备中,甚至走出国门,为玩家传回海外的电竞赛事资讯。

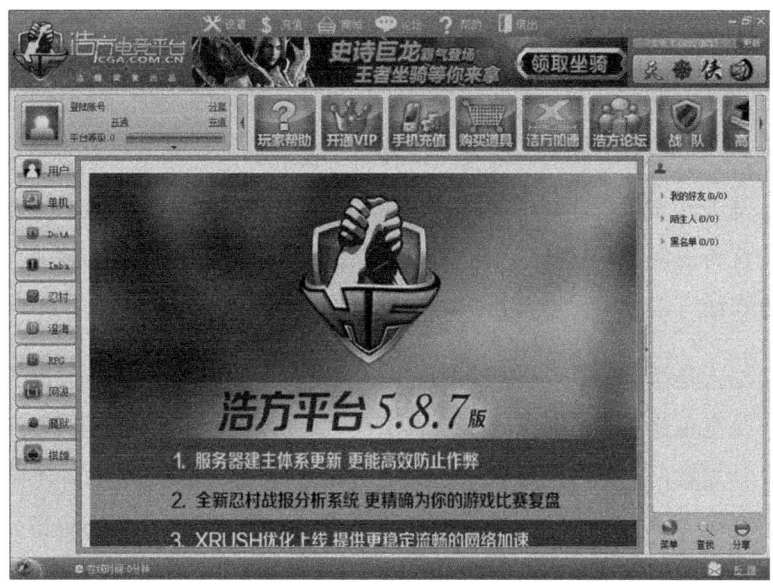

图 4-25　浩方电竞平台

电竞平台和电竞网站的双管齐下对当时中国的电子竞技业态起到了非常积极的作用。在浩方电竞平台上联网对战、在 CGA 网站上浏览信息的习惯如同空气和水般融入每个玩家的日常生活。在当时,《反恐精英》、《星际争霸》和《魔兽争霸 3》等游戏为浩方带来了超过 50 万的同时在线人数,并且以肉眼可见的速度快速增长,让作为竞争对手的 QQ 对战平台望尘莫及。如今看来,浩方历时两年的崛起可以被称为一个奇迹,它既得益于对形势和机遇的把握,也离不开技术和运营等层面的优势。更重要的是,李立钧和他的团队足够了解游戏玩家的心理:在门户初兴的时代,交流和探索的欲望是一切动力的源泉,而浩方扮演的正是这样一个领头的开荒者,不断引领着玩家探索广阔的游戏世界。

但是,随着盛大游戏对浩方有了收购意向,浩方的命运开始出现转折。

对浩方而言，盛大游戏的收购意向带有强烈的商业色彩。庞大的用户数量固然代表着发展潜力，但在进入谈判程序之前，浩方迫切需要通过盈利来证明自己的价值。于是，浩方电竞平台推出了一系列盈利功能，其中有一个 VIP 会员可以挤掉普通用户抢占服务器的功能。这项功能导致平台的用户集体陷入了愤怒，他们中的大多数都在短短数天里经历了被 VIP 会员从服务器挤出的遭遇。由于用户多是组队而来，一名用户被踢出往往意味着多名用户的体验受损。尽管这项功能随着收入数据的不理想而很快关闭，但已然在用户们心底埋下了芥蒂，无论是网络问题还是游戏平台故障，总是会和会员特权联系在一起。

2005 年，作为平台和 CGA 重要支柱的《反恐精英》1.5 因为外挂的盛行开始走下坡路，寿命已达八年之久的《星际争霸》也逐渐失去原有的魅力。这些潜在的危机被淹没在了收购的进程里。此时的盛大游戏刚刚以《热血传奇》开创了基于免费游戏的增值付费模式，对浩方的盈利之路信心满满，但入驻浩方的高层管理们突然发现：暴雪推出的另一款游戏《魔兽世界》在已经平稳的游戏产业内掀起了新的巨浪，这款新游戏似乎并不需要对战平台。

半路杀出的《魔兽世界》被认为是敲响了网络电竞对战平台的警钟。当游戏种类和网络技术发生更迭时，处境最危险的永远是横跨在游戏和玩家之间的那道桥梁，它随时有可能被取代。更加糟糕的是，在增量已经到顶之时，深挖存量的目标仍然没能取得突破。

《魔兽世界》等一众游戏新作的问世彻底宣告了网络电竞对战平台时代的终结。来自盛大游戏的资源没能挽救失意的浩方，从以 4.63 亿元人民币收购到 2012 年被浙报传媒集团以 3.1 亿元买下，这笔收购被戏称为盛大最惨痛的教训之一。

第五章 寒冬（2008—2010）

5.1 背　　景

一个新兴产业想要获得发展，离不开资本的支持，对于诞生不久的电子竞技行业尤其如此。在发展初期，电子竞技行业的生存比较依赖赞助商，这种合作模式被证明了是良性的，电子竞技行业也由此进入了黄金发展期。

然而，就在电子竞技行业的发展趋势越来越好的时候，厄运突然来袭。2008年，金融危机爆发，并进一步发展演变成为全球性的实体经济危机，使尚未成形的电子竞技产业遭到了巨大的打击。

在金融危机爆发之前，电子竞技行业尚未形成系统的产业链。在发生了金融危机的市场环境中，电子竞技赞助商要么大幅削减开支以自保，要么自身经营陷入困境，有些赞助商甚至破产，这就导致对电子竞技的赞助无以为继，原本火热的行业骤然降温。

5.2　赛事与俱乐部

电子竞技行业的发展基础之一是网络，而网络的发展又带来了一柄双刃剑——全球化。在全球化的大趋势下，资金开始在全球范围内寻找既有利可图又安全避险的"港湾"，如美国这样的成熟经济体可以吸纳全球的储蓄，并提前消费或提升消费水平。于是，美国通过推出越来越复杂的产品和更为慷慨的条件，鼓励消费者向金融市场借贷。1980年以后，美国对金融市场的监管不断放宽,次贷危机随即引爆。这场金融危机导致所有发达国家的金融机构必须重新评估风险、分配资产。很多发达国家资金纷纷逃离市场,到"港湾"避风,同时加强当地金融市场的稳定度。由此导致新兴国家的证券市场价格大幅缩水、本币贬值、投资规模下降、经济增长放缓甚至衰退。

金融危机的爆发、资金的回撤,使全球范围内的电竞俱乐部不得不取消了许多小型赛事,只剩下一些大型赛事勉强支撑。然而,这种坚持并没有等来春天,金融危机蔓延至全球的各行各业,使尚处于蹒跚学步阶段的电子竞技行业元气大伤。一些电竞俱乐部被迫解体,就连玩家耳熟能详的大型赛事(如 PGL、IEST)也相继停办,电子竞技行业遭遇了彻骨的寒冬。

5.2.1 赛事赞助减少,大型赛事停办

1. 赛事赞助减少或退出

在金融危机的影响下,电子竞技产业受到的第一大重创就是赞助商减少赞助或停止赞助。

比如,作为世界电子竞技盛会的电子竞技世界杯(Electronic Sport World Cup,简称"ESWC"),以国际化、专业化、娱乐化的口碑,高质量的比赛和深远的影响力,得到了业界的认可。ESWC 创建初期,英伟达(NVIDIA)就是主要的赞助商,一直伴随其成长发展。2009 年,受金融危机的影响,英伟达停止了对 ESWC 的赞助,从此分道扬镳(见图 5-1)。主要赞助商的撤离对本身就不景气的电子竞技产业来说,是一个沉重的打击。

2. 赛事缩水或停办

金融危机对电子竞技的打击,还体现在赛事的缩水或停办上。

图 5-1　2009 年，英伟达与 ESWC 分道扬镳

比如，2007 年，英国天空广播公司、Direc TV 和星空传媒共同出资创办了冠霸电玩挑战大会（Championship Gaming Series，简称"CGS"），拿出了空前的百万美元奖金，其中 50 万美元的奖金颁发给获得世界冠军的队伍，这震撼了整个电子竞技界，并得到众多电视网络巨头的支持。CGS 采用了其他体育项目中非常成熟的联赛制度体系，是第一个完全符合职业电子竞技联赛标准的赛事。野心勃勃的 CGS 准备将电子竞技融入社会主流文化，把 CGS 打造成电子竞技界的 NBA（美国职业篮球联赛）。然而，好景不长，在金融危机的冲击下，由于赞助商撤资，主办方在 2008 年 11 月 19 日宣布停止运营赛事。

CGS 关门之后，小规模的赛事和线上赛事成了新的趋势，为了节省开支，奖金也严重缩水。

又如，成立于 2006 年的电子竞技联盟（Electronic Sports League，简称"ESL"）NGL-One 联赛，原本设有《反恐精英》和《魔兽争霸 3》两大联赛，赛事由线上的预选赛和线下的总决赛两部分组成。一开始，赛事的高额奖金吸引了全球知名战队和选手参与。然而到了 2009 年，由于经济危机的爆发,赞助商减少了赞助,NGL-ONE 联赛只好将赛事缩水,仅在新赛季组建一个只有 24 名选手的新联赛,削弱了"3V3"模式的团队赛。当年,竟然只有三支队伍参加团队赛。

5.2.2 电竞俱乐部裁员、解散

在电子竞技的起步阶段,电竞俱乐部的收益主要来自赞助商和赛事奖金。金融危机来袭,失去赞助商支持的电子竞技行业出现了连锁反应,作为行业核心的电竞俱乐部也不能幸免于难。一旦赞助商退出、赛事停办,电竞俱乐部自然也就无以为继,导致很多俱乐部不是裁员就是解散。

比如,当时国内顶尖的电竞俱乐部——拿下中国《CS》有史以来第一个世界冠军的 wNv 俱乐部,因为发不出工资陷入了困境,元老级选手纷纷退役,其他选手各奔东西。最终,wNv 俱乐部宣布解散,中国电竞的一支顶级强队就此终结。

wNv 俱乐部只是当时电子竞技行业的一个缩影。为了应对电子竞技环境的严冬,不少战队纷纷裁员、兼并重组。2009 年年初,因为母公司要节约支出,欧洲电竞梦之队 MYM 在其官方主页宣布解散其《魔兽争霸 3》战队和《星际争霸》战队,这意味着很多顶尖选手将处于自由人状态。就连大名鼎鼎的 SK Gaming 俱乐部,也宣布实施裁员计划。

赛事的停办和俱乐部裁员、解散,导致电子竞技丧失了竞技平台和核心参与者,发展一度停滞。在这样的环境中,电子竞技不但没有迎来发展的契机,反而陷入了泥潭之中。所以,对于整个行业来说,当务之急是生存下来,熬过冬天。

5.3 政　　策

对于新生事物来说,宽松的环境和政策扶持十分重要。然而,电

子竞技行业从诞生之初就承受了非常大的舆论压力，长期处于被压制的状态。特别是电子竞技本身的经济形态，不像传统体育赛事那样容易被认知和接受。于是，在主流媒体的报道中，对电子竞技的批判随处可见。

同时，为了规范和管理电子竞技行业，2004年4月12日，国家广播电影电视总局发布了《关于禁止播出电脑网络游戏类节目的通知》。

该"通知"下达后，广播电视系统所有的电子竞技节目被停播。对于刚刚兴起的电竞行业来说，主流媒体的停播几乎是致命的打击，这意味着，中国电子竞技行业无法通过借鉴韩国的电子竞技模式来解决生存问题。至此，投资者纷纷离场，电竞选手待遇急转直下，电竞人才大量流失，电竞俱乐部苦于支撑挣扎。

电子竞技行业的寒冬来临，虽然根源在于经济大环境，但是政策的限制对其也有一定的影响。然而，对未来充满信心的资本并未完全离场，虽然遇到政策方面的困难，但是在资本的维持下，电子竞技行业依然成长到2008年。

5.4　电竞选手寻求新的收入来源

2008年到2010年，电子竞技行业一片阴霾，行业自身还没有独立生存的能力，也得不到外界的支持和扶持，几乎跌到了谷底，短时间内看不到出路。

然而，广大电竞爱好者和电竞从业者没有放弃，而是一直在探索新的出路。他们相信，困难是暂时的，只要再坚持一下，光明就会到来。如何顽强求生、自给自足，度过这个难熬的冬天，成为摆在电竞人面前的一道难题。

5.4.1 视频解说

方法总比困难多。很快,转机出现了。视频网站的出现,不但继承和拓展了传统电子竞技节目,更为电子竞技行业找到了出路。只是应该认识到,这时的互联网电子竞技节目还只是电视节目的一个投影,并不具备互联网自身的传播特点。

首先,视频网站延续了传统电视的电子竞技节目的形式,直播画面都是比赛的场景配上解说,只不过平台由电视换成了互联网;

其次,两者的传播方式都是"一对多"的大众传播模式,互联网和电视都是单向供应视频内容,受众依然是电子竞技爱好者;

最后,二者的内容制作人员没有变化,都是电子竞技产业的优秀从业人员。

视频网站带来的"视频分发平台+电子竞技"模式,让更多的人了解和熟悉电子竞技,但是受限于当时的社会环境和用户习惯,与传统媒体相比,在网上看视频直播的观众数量仍然不多。

2006年,借着视频点播网站的发展势头,出现了一些游戏视频网站,如NeoTV。NeoTV有专业的节目制作团队,会针对一些重要的电子竞技赛事制作游戏视频,然后借助视频点播技术进行转播。

2010年12月4日,腾讯游戏旗下的全民竞技平台TGA成立。电竞爱好者们可以通过TGA了解腾讯游戏的产品资讯和赛事信息,同时还能观看腾讯游戏电子竞技频道的直播。

2010年12月8日,在线视频公司优酷网在纽约证券交易所上市。在电子竞技的发展初期,优酷对其做出了重大贡献。早在上市之前,优酷就一直大力推广游戏。很多《刀塔》退役选手在优酷上开设了自己的游戏频道,他们把自己的游戏画面录制下来,后期编辑加工,再加上自己的解说,然后上传至优酷网,免费提供给电竞爱好者观看。这种模式大大提升了电子竞技赛事的影响力,不但服务了游戏爱好者,也让更多的人开始接触并熟悉电子竞技。

游戏频道的兴起,捧红了一大批电竞主播,他们的工作内容是对电竞比赛进行录像解说或者现场解说。从广为人知的《魔兽争霸》,到如今风靡全球的《英雄联盟》,电子竞技游戏领域飞速发展,不仅玩家人数猛增,整个电子竞技行业也呈现一片欣欣向荣的景象。电竞主播这个原本并不为人所熟知的职业,逐渐得到了越来越多的关注。

由于电子竞技行业是新生事物,主播这一职业竞争还不激烈,因此电竞解说更容易充分发挥个人魅力。他们就是电子竞技界的明星,只要足够出色,就会有大批忠实的粉丝,有了足够的粉丝,就为形成商业模式奠定了基础。

5.4.2 主播开设淘宝店

进入 21 世纪,互联网在改变人们生活的同时,也为电子竞技的独立生存开辟了道路。伴随着视频点播技术的成熟及消费者网络购物习惯的养成,电子竞技解说视频作为一种全新的传播形式,受到了游戏爱好者的喜爱。有些电竞人从中发现了商机,尝试将游戏视频解说与淘宝店结合起来,从中赚取利润,度过难熬的冬天。让人意想不到的是,这种方式很有成效,成就了一批电竞从业者。

在电子竞技圈,伍声是一个如雷贯耳的名字,作为一名《刀塔》职业选手,他曾经获得了 2008 年 WCG 总决赛冠军。崇拜他的电竞爱好者尊称他为"大酒神"。

然而,伍声之所以能在电子竞技圈内"封神",不仅是因为他曾获得多个世界冠军的头衔,更重要的是他为处于迷茫中的电竞选手找到了出路。

2010年8月,23岁的伍声正式退役。同年11月,他进入《刀塔》解说界,定期在优酷上传游戏解说视频。因为技术过硬、思路清晰、普通话标准和表达能力出众,伍声很快就脱颖而出,收获了一大批粉丝。

2011年,伍声开了一家淘宝店。之后他决定放弃在解说视频中植入广告,转而在视频中推广自己的产品。他的销售突破口首先放在了零食上,随后又拓展到服装、外设等领域。很快,他的淘宝店月销售额就突破了100万元。

伍声在淘宝创业的成功,离不开忠实粉丝的支持,他们是淘宝店的消费主力。而这些粉丝大部分是通过他的解说和制作《刀塔》视频发展而成的。

伍声的淘宝店让很多处于困境的电竞人看到了出路。一时间,电竞明星和解说员纷纷开起了自己的淘宝店,从鼠标、键盘这样的外设,到服装、饰品及零食,应有尽有。自此,中国电子竞技的"视频+电商"变现模式正式成型。

从此,"优酷+淘宝+电子竞技"成了一条新的出路。伍声正是这种模式的开拓者之一,也是其中比较成功的一个。

这种模式成功的背后,有粉丝经济的基本规律可循:

第一步,培养忠实粉丝,然后以电竞达人的身份,为最相关的鼠标、键盘等外设的质量背书;

第二步,在视频内容中植入广告,宣传自己的淘宝店,吸引粉丝购买;

第三步，用服务和有针对性的产品，扩大消费群体，并吸引粉丝重复购买。

很多电竞主播针对游戏玩家的主体——学生，推出了复购率高、客单量小、利润率高、价位低的服饰和休闲零食。火爆异常的电竞零食——肉松饼，伍声就是对其进行第一个销售的。喜欢电子竞技的玩家一般都喜欢吃零食，肉松饼味道好、量小却抗饿、打开方便，成了电竞玩家最喜爱的零食之一。当时，有人调侃电竞主播的电商变现是"肉松饼模式"。

还有一位和伍声同时期开设淘宝店的电竞主播，他就是海涛。海涛本名周凌翔，原本是广东韶关的一名电台主播。在初代电竞"网红"中，非职业选手出身的海涛显得很特别。

2010年10月起，凭借在高中和大学广播台所积累的播音能力，喜欢电子竞技的海涛用业余时间录制了一些《刀塔》解说视频，然后上传至网站。这一年，正好是《刀塔》的造星时期。海涛纯正的电视解说风格，很快受到了人们的欢迎，迅速在电竞解说圈出名了。

后来，海涛开设了自己的淘宝店，主要的商品是外设和《刀塔》主题服饰。不久，淘宝店的月销售额就达到了30万元。海涛的收入远超当时一线电子竞技职业选手。

在金融危机的影响下，以伍声、海涛为代表的电竞人，借助视频网站的兴起，创造了"视频解说+淘宝店"的全新模式，让他们能够在保障生活的前提下，发展和壮大电子竞技行业。自此，很多电竞从业者开始意识到，只要解说出色，拥有自己的产品和推广渠道，即便没有赞助商，没有资本和团队，也可以找到盈利的模式。这意味着电子竞技在赞助商之外寻找到了新的变现方式，困扰电竞圈多年的生存问题终于得到了初步解决。此时，虽然整个电子竞技市场的大环境仍不容乐观，但是电子竞技从业人员仍然不断坚持，推动中国电子竞技的革新和发展。

2011年下半年，金融危机的影响逐渐消退，电子竞技行业人气逐渐旺盛。人气就意味着商机，资本市场也再度将目光投向了电子竞技产业。在电竞人的坚持和探索下，电子竞技行业终于又迎来了春天。

思考题

1. 文化产业和娱乐产业为何最容易受到金融危机的冲击？这种冲击能够避免吗？

2. 电子竞技行业是如何从赞助商模式走向资本模式的，其中重要的转折点有哪些？

3. 互联网视频解说游戏对于电子竞技行业的发展具有什么样的影响和作用？

4. 主播开设淘宝店这一业态在电子竞技行业充分发展的背景下，除去对个体经营者的商业意义之外，是否还能对电子竞技本身起到积极作用？

第六章 重生（2011—2013）

6.1 背　　景

1. 全球经济复苏

金融危机爆发后的 2009 年，全球经济仍然处于颓势，欧美国家的经济增长乏力，甚至出现"开倒车"的情况。很多国家都出现了严重的经济问题，全世界经济总量同比下降了 2.2%。从造成的损失来看，2008 年的金融危机是第二次世界大战以后最严重的经济灾难。

所幸在各国的努力下，危机并没有持续太长时间。2010 年，全球经济开始触底反弹，实现了缓慢的复苏。

率先从经济危机中走出来的是新兴国家。这些国家受到的冲击本身就比较小，同时还出台了刺激经济增长的措施，因此比发达国家更快地恢复了元气。

在欧美国家深陷金融危机的泥淖时，中国挺身而出，为全球经济的复苏起到了巨大的作用。中国持续的市场开放和金融体制改革，提升了对抗风险和可持续增长的能力，成了全球经济的压舱石和推进器。经过这场金融危机，中国扩大了自身的影响力，成了世界经济舞台上耀眼的新星。而在中国经济巨轮启动的过程中，文化产业的整体崛起更是不容小觑。依托于良好的经济形势和文化产业的崛起，电子竞技行业这株"野百合"终于迎来了春天。

2. 资本进入

2011年，一支叫作CCM的战队以极其复杂的心态进入了WCG中国赛区总决赛。好消息是，这是他们第一次获得如此之高的荣誉，但坏消息在于，这也是CCM战队的最后一场比赛。这支队伍所属俱乐部的老板已经无法再给这些热爱电子竞技的年轻人发出一分钱工资，于是他们在赢得冠军后抱头痛哭，准备就地解散、各奔天涯。

这是一个让很多人忍不住抹泪的场景。此时的电子竞技还未迸发出商业价值，加之经济危机的浓云刚刚散去，许多出于爱好组建俱乐部的老板纷纷在资金链产生危机时选择退出，CCM战队的遭遇早已不是一件新鲜事。

就在CCM战队宣布解散的当天夜晚，王思聪的微博上赫然出现了与他往日风格大相径庭的八个字："强势进入，整合电竞。"这句话随即被添上了一个重磅级的注脚：他将以普思资本董事长的身份对CCM战队所在的俱乐部完成收购，并将其更名为iG电子竞技俱乐部。

王思聪并没有冲动消费，对iG的投资在日后被验证为他涉足电子竞技领域的起点。从2011年开始，他用了五年时间搭建起一座电竞帝国，而其父王健林最初为普思资本注资的5亿元人民币也在电子竞技领域增值近12倍。

对于iG来说，新老板带来的最大变化莫过于物质条件上的改善。此前，电竞选手在俱乐部的工资收入不仅只有千余元，还时常面临被欠薪的问题。但当王思聪在2011年为四名LGD队员开出了五万元的"天价"转会费，一切都变得不一样了。在训练条件方面，睡通铺的时代宣告终结，教练和领队也告别了可有可无的尴尬定位，开始从真正意义上对团队进行管理和指导。

在接受采访时，王思聪透露过投资iG的理由："只有让选手和俱乐部拥有最基本的物质保障,这个行业才不至于走向死亡。"然而,王思聪没有想到的是,正是从他的入局开始,电竞俱乐部陡然变成了资本的新宠。

比如,秦奋在2013年10月组建电竞俱乐部King;蒋鑫也在同一年创立了Snake;知名俱乐部EDG的创始人则是朱一航,其父朱孟依是房地产界的风云人物。拥有房地产界背景的还有EDG的劲敌"皇族",这家俱乐部在引进顶尖选手时素来不惜血本,其老板林斌为福建顺华集团董事长。

2014年,一线电竞选手的身价已经超过了六位数,而电竞俱乐部的运营成本已接近千万元。尽管看起来有"泡沫"的嫌疑,但长期得不到重视的电竞选手至少拥有了不逊于主播的物质条件。随着电竞赛事的火热,越来越多的赞助也开始找上门来。

王思聪认为,电竞行业要想实现改变和升级,不能只靠一个俱乐部。因此,虽然他手握丰厚的资本,但是"混乱的产业链不是钱就可以解决的"。电子竞技要从本质上做出改变,才能成为健康的行业。电子竞技行业当时存在商业模式不成熟、赛事不规范、职业化水平低等问题。要走出电子竞技的小圈子,引入现代化的管理制度,才能重塑电子竞技。

2012年,王思聪发起了"ACE联盟"。这一联盟将国内的职业电竞战队都纳入了管理范围,对职业电竞选手进行管理和监督。同时,该联盟还制定了一系列规章制度和行为规范,使从业人员有章可循、有制可依。

成绩突出的一线强队通常是赞助商偏爱的对象,尤其是玩家数量较多的《英雄联盟》项目强队。这些顶尖队伍需要在每年举办的职业联赛即LPL中相互竞争,赢得从中国大陆赛区通往全球总决赛的入场券。2015年,当EDG和LGD两支队伍相继摘下春季和夏季赛冠军时,一条新闻再次让人们感受到了电竞赛事背后的资本涌动——香蕉游戏传媒将接替PLU游戏娱乐传媒,取得2016年LPL赛事承办权,而前者的创始人正是王思聪。

从某种程度上说,王思聪之于电子竞技的存在可以等同于2011年后资本介入电子竞技,起初是打造具有造血细胞般地位的选手和俱乐部,而后则是赛事承办与建立媒介渠道。

香蕉游戏传媒由三个主营业务板块构成,一是对LPL和德玛西亚杯等电竞赛事的承办,二是《狼人杀》真人秀《Pandakill》、《皇室战争》真人秀《最强拍档》等游戏类综艺节目的制作,三是电竞明星主播的经纪业务。这三个板块以极其主动的姿态实现了资本对电子竞技内容的首次涉足。如果说选手和俱乐部只是电竞的庞大产业链上的一个环节,那么以香蕉游戏传媒为代表,显然是将目标瞄准了对链条的打造,他们试图直接接触玩家,并且在玩家群体中打造新的热点。

2016年3月,一度声称"饿死不做游戏"的阿里巴巴召开发布会,阿里体育旗下的电子体育事业部正式亮相,同时宣布将启动原创电竞赛事——世界电子竞技运动会(WESG);2016年12月,腾讯电竞的标志出现在腾讯互娱的发布会上,这个新增业务与腾讯动漫、文学、影视和游戏并列,足见对其的重视。

除了线上的风起云涌之外,蜂拥而至的资本还为线下带来了些许改变。一个叫作"电竞小镇"的新事物让人们颇感新奇,重庆、安徽、江苏等地纷纷将打造电竞文化作为小镇经济的着力点,这些小镇大多以承办电竞赛事及活动作为流量入口,并辅之以学院、俱乐部基地和电竞主题公园等产业生态。根据江苏太仓公布的电竞小镇规划,五年内共计有25亿元人民币的资本投入,届时将有望引进电竞赛事近千场、知名俱乐部十余家,并为数千名电竞人才提供培养空间。

6.2 游　　戏

6.2.1 《英雄联盟》

1. 游戏介绍

《英雄联盟》是时下最火爆的 MOBA 游戏之一，也是很多电竞赛事的必备项目（见图 6-1）。这款游戏由美国拳头游戏公司开发，由腾讯代理运营。《英雄联盟》具备 3D 视觉效果，以第三人称视角进行，以多人同时在线的竞技场模式进行战斗。《英雄联盟》的地图有三个部分，分别为召唤师峡谷、嚎哭深渊与扭曲丛林。玩家通过组队合作完成游戏中的任务，并与其他团队进行对抗。当游戏的一方将对方的基地"水晶枢纽"破坏之后，游戏即宣告结束。通常来说，一局的游戏时间为 25~55 分钟。如果一方认为胜算不大，那么可以在游戏开始后的 15~20 分钟内发起"提前投降"，且需得到所有成员的同意；如果在 20 分钟后发起投降，则只需七成及以上数量的队员同意即可。

每位玩家控制一个游戏角色，这个角色被称为"英雄"。获取英雄的方式分为自主选择和随机分配两种，每个"英雄"的能力都不同，各有侧重。比赛之初，"英雄"的等级为 1；随着游戏的进行，通过完成任务和杀伤对方，能够获取经验值并提升等级，最高可升至 18 级。"英雄"的级别越高，能够解锁的技能就越多，战斗力也就越强。玩家还能用游戏中的货币购买道具，加强"英雄"某方面的能力，或者为队友提供支持。这些货币可以通过消灭游戏中的非玩家角色获得，也可以通过杀死对方的"英雄"、破坏对方的建筑物而获得。货币无法累积，一局比赛中未被使用的货币，在下一局中将自动清零。因此每场游戏都是一个新的开始，对所有玩家都是公平的。

图 6-1 《英雄联盟》

一场比赛结束之后,根据所取得的成绩,玩家会获得不同的奖励,通常为经验值和使用的"英雄"角色的专精分数。比赛中如果有人获得了 S 及以上的战绩,就有机会抽取宝箱。这些个人奖励体现在每位玩家的账户中,与所使用的"英雄"无关。玩家最初的级别是 1 级,升级上不封顶。高级玩家具备一些特殊技能,如召唤师技能及符文技能等。但是玩家等级并不等同于"英雄"等级,即便两个玩家的级别相差 10 级,在比赛中使用的"英雄"也都是从 1 级开始的。

玩家的等级会在系统内进行排名,并在游戏开始之前自动匹配。这一规则的目的是确保游戏双方的水平相当,从而避免其中的一方具有绝对优势。

2. 研发历程、玩家数量及历史意义

这款游戏在开发之初便延续了《刀塔》的核心玩法,起初被命名为《强攻》。十名玩家分为两个队伍,操纵"英雄"在地图的三条作战路线

及野区中进行对抗,率先拆毁对方基地即胜利(见图6-2)。在游戏成功以后,这种由《刀塔》开创的游戏类型也被称之为"MOBA",即多人在线战术竞技。

然而,耗时整整四个月准备的样本及游戏免费发布的提议在众多游戏发行商看来无异于一个蹩脚的笑话:它既没有《刀塔》在玩家心目中的影响力,也没有对前者构成颠覆性突破,更何况拳头游戏坚持的免费策略在此前从未得到过市场验证。

空手而归之后,拳头游戏一边继续打磨自己的游戏,并将游戏名称从《强攻》改成了《英雄联盟:命运之战》,一边固执地寻求发行商和风投机构的青睐。与此同时,被经济危机搅得焦头烂额的游戏资本也固执地拒绝这个疯狂的建议。当时,即便是已经走向电竞化的《刀塔》,严格来说也未曾拥有成熟的运营体系,甚至都无法被算作一部正式的游戏。相较于其他类型而言,MOBA游戏往往需要通过不断地调整和更新来确保游戏平衡,这就意味着"定价发售"的模式无法适用,但倘若采用免费策略,又很难在前期没有收益的情况下支撑运营。

2008年年初,拳头游戏仍然在扮演推销员的角色,他试图说服的所有潜在投资者对《英雄联盟》称赞有加,但随着金融海啸的蔓延,没有人愿意对这样一款"免费加内购"模式的游戏买单。"命运之战"的后缀似乎要一语成谶了,作为公司的唯一产品,《英雄联盟》的开发经费已经从预期的300万美元上涨超过六倍,却没能找到合适的投资者。如果不出现意外,拳头游戏将和雷曼兄弟一样,在风雨飘摇的2008年迎来破产的结局。

就在拳头游戏被推上悬崖之时,来自中国大陆的一双眼睛正在关注着这家初创公司。一众中国企业纷纷开始了海外并购之旅,有心涉足游戏领域的腾讯就是其中之一。

图 6-2 《英雄联盟》游戏截图

在这之前,腾讯游戏已经拥有了《QQ 飞车》《QQ 炫舞》等自研游戏和作为对战平台的 QQ 游戏大厅,并先后从韩国引进了《地下城与勇士》《穿越火线》等热门游戏。但从游戏类型上说,与《刀塔》同类型的游戏始终处于空白。于是在得知拳头游戏的困境后,腾讯集团副总裁陈宇当即飞往美国,在拳头游戏工作室里体验了一盘《英雄联盟》。

迎接这位中国客人的是拳头游戏最"豪华"的阵容。除了两位创始人和羊刀(Guinsoos)以外,还有被《刀塔》玩家称为"铅笔龙"的 Pendragon 和《魔兽争霸 3》主策划汤姆·凯德威尔(Tom Cadwell)。一场长达十二小时的谈话改变了很多人的命运:2008 年 11 月,腾讯正式成为《英雄联盟》中国区代理;2009 年,腾讯对拳头游戏完成首轮投资,在获取 22.34%的股权外,不干涉公司的独立运作和游戏开发。就这样,中国电竞史上的一个标志性事件诞生了。

第六章 重生（2011—2013） 161

日后看来，拳头游戏和腾讯的联姻是一场"时"与"势"共同作用的结果。手握流量入口的腾讯迫于游戏研发能力的掣肘，迫切地需要通过海外代理来占领国内游戏市场份额，而《英雄联盟》不仅在核心玩法上与《刀塔》相近，其简化操作、面向大众的思路更与腾讯游戏所契合（见图 6-3）。至于拳头游戏期望的免费与内购相结合的模式，早已被腾讯运用得炉火纯青。

图 6-3 《英雄联盟》游戏截图

拿到投资的拳头游戏和往常一样，将所有的资源都投入到了《英雄联盟》的优化中。扩充团队规模、搭建后端平台、添加游戏"英雄"，这个越滚越大的雪球终于在 2009 年 10 月出现在了玩家面前。游戏和游戏中的 40 位"英雄"皆为免费。

让拳头游戏没有想到的是，在发行后的两个月内，同时在线的玩家已经达到了 10 万人次，这一数字还在随着版本的更新而不断增长。而涌入的玩家越多，游戏中的漏洞和设定不平衡等问题也就越容易暴露出来，于是每一次的版本更新都意味着旧问题的解决及新问题的出现。在玩家数量的驱动和羊刀（Guinsoos）的丰富经验下,《英雄联盟》就这样迈入了正轨。

与更为"硬核"的《刀塔》不同,《英雄联盟》是一个新时代的产物。围绕两者的争论从来就没有停止过,前者的拥趸对游戏的简化不屑一顾,甚至将《英雄联盟》讽刺为休闲娱乐类游戏。但谁也不能否认,这是一个属于大众的时代,简单化的操作并不意味着魅力的遗失。

从进入游戏的第一刻起,玩家便可通过新手指引熟悉最基本的游戏操作及技能较为简单的"英雄"。在三条作战道路上,"英雄"只能对敌方"小兵"进行击杀,以此获取金币和经验,这比《刀塔》需要击杀己方"小兵"的"反补"操作更为便捷。在技能方面,《英雄联盟》中的大多数装备均不可主动释放,玩家所需掌握的只有四个技能按键和两个召唤师技能。

正如腾讯最初所预料的,该游戏在引入中国后大受欢迎。在接下来的数年里,玩家数量实现了指数倍的暴增,于2017年达到全球月活玩家过亿人次的惊人成绩。除此以外,越来越多的玩家也逐渐从计算机屏幕前走到电竞比赛现场,欣赏高强度的电竞赛事。

从2011年到2017年,由拳头游戏组织的《英雄联盟》全球总决赛已经拥有了七年的历史,各类相关赛事也在世界各地陆续展开,如中国大陆赛区的《英雄联盟》职业联赛等。这一系列赛事以游戏的高覆盖率为基础,以成熟完善的赛制和俱乐部体系作为保障,源源不断地吸引着资本、电竞选手及普通观众的进入。

2014年,累计有2700万余人次通过直播观看了当年的《英雄联盟》全球总决赛,这是电竞赛事首次在观看人数上超越美国职业棒球决赛、NBA总决赛等世界顶级体育赛事。

寒冬散去,电子竞技的春天已到。人们纷纷感慨道:这个春天的第一声鸟啼,就来自于拳头游戏和他的《英雄联盟》。

6.2.2 《刀塔 2》

1. 游戏介绍

2011 年，《刀塔 2》亮相（见图 6-4）。此前，由《魔兽争霸 3》地图编辑器制作而成的《刀塔》在 Ice Frog 接手后进入了稳定时期，繁多的漏洞被悉数修复，新加入的"英雄"被广大玩家、选手及电竞赛事所接纳，但问题在于：这款游戏中的一切都基于暴雪在 2002 年开发的游戏引擎，随着《刀塔》游戏机制的完善和游戏引擎技术的迭代，它已经无法承载 Ice Frog 更多的开发需求。

图 6-4　《刀塔 2》

事实上，意识到这个问题的 Ice Frog 曾经试图说服暴雪，让其为《刀塔》日后的更新或者重制提供技术支持。不管从哪个层面来说，这都是一次双赢的合作。由于《刀塔》中的游戏和角色背景设定均来自《魔兽争霸》，只要与 Ice Frog 达成合作，摆在暴雪面前的将是一个横跨《魔兽世界》、《魔兽争霸》和《刀塔》的巨型 IP 帝国。然而，风头正盛的暴雪显然低估了《刀塔》的影响力，以至于将 Ice Frog 连同他的提议一起拒之门外。

玩家期待的合作就这样告吹了。命运似乎总是如此，以最意想不到的方式关上本应洞开的机遇之门，又顽皮地留下一扇窗口，让人难以琢磨。2009 年，游戏开发商维尔福主动找到 Ice Frog，在一番接触后，向这位传奇开发者伸出了橄榄枝。同年 10 月，Ice Frog 在博客中向《刀塔》玩家宣布，自己将以雇员的身份加入维尔福，并在《刀塔 2》项目中担任主策划。2010 年 10 月，维尔福对外界公布了这部新作的预期上线时间，即 2011 年 9 月。

尽管让人倍感意外，但两者的携手确实包含着一定的内在逻辑。自创立开始，维尔福便是一家对游戏模组（MOD）文化颇为看重的公司，不仅其半数成员都是 MOD 制作者，旗下大作《反恐精英》也是对游戏《半条命》的二次创作，这恰恰与《刀塔》的属性相吻合。此外，根据同行们披露的情况，长期处于隐匿状态的 Ice Frog 是一个在游戏设计上坚持己见的人。除了以扁平式管理乃至没有任何等级制度而闻名的维尔福，恐怕还真的没有另一家游戏开发商能够给 Ice Frog 提供充足的发挥空间。

2011 年 8 月，《刀塔 2》在德国科隆游戏展上首次亮相。第一批拿到测试资格的电竞选手们在展会上贡献了一场精彩对决，并将这款游戏首次推上国际舞台。一个月后，《刀塔 2》如期向外界开放公测版本，直到游戏于 2013 年 7 月 9 日正式发布，已经有超过 300 万名玩家成为其忠实拥趸。

2. 研发历程、玩家数量和历史意义

从《刀塔》到《刀塔 2》，很多玩家觉得：后者是一款全新的游戏。游戏引擎技术的提升带来的是从画质到操作的全面升级；由于涉及版权问题，游戏背景被替换成了"天辉"与"夜魇"两大阵营的争斗；新增的观战系统直到今日都罕有游戏能与之并肩——维尔福公司开创性地将各大赛事直播嵌入游戏客户端，可供数百万名玩家通过多种语言解说同

步观看。对于观众而言,这个观战系统不仅会显示个人及团队数据,甚至实现了视角的自动切换,如人工导播般将焦点聚集到战斗最激烈的所在。

与前作相比,技术升级引发的体验提升似乎是相对容易的部分,更牵动人心的是游戏内核的变与不变。对待这一问题,维尔福公司和Ice Frog一致地选择了后者。几乎所有的"英雄"设定和核心玩法都延续了《刀塔》的风格,同样保留的还有游戏和"英雄"全部免费开放的策略(见图6-5)。

图6-5 《刀塔2》游戏截图

2014年年初,发布不到半年的《刀塔2》拥有了50万左右的同时在线人数和超过8000万美元的微交易收入,并为同年举办的第四届国际邀请赛提供了160万美元的基础奖金。所谓微交易收入,也称为游戏内购,是指玩家通过充值在游戏内购买虚拟物品,进而使游戏厂商获取额外收入的盈利模式。

围绕游戏内购的另一项创新源于维尔福公司手中握有的平台优势。所有《刀塔2》的新玩家都需要在 Steam 平台上完成注册和下载,这个世界范围内规模最大的游戏发行平台一直让维尔福公司的同行们艳羡不已。就《刀塔2》来说,Steam 平台发挥的作用绝不仅仅是一个下载游戏的工具,在名为"创意工坊"的板块里,拥有创作才能的玩家可以上传自主设计的各种饰品,进而在通过审核后对其他玩家进行销售。当这种玩家间的自发交易随着游戏的火热达到一定规模,维尔福公司从中获取的抽成早已蔚然可观。

当然,这种高度发达的游戏社群体验对 2014 年的中国玩家来说还有些距离,他们正在忙着声讨《刀塔2》的国服代理商,也就是完美世界。《刀塔2》自 2013 年下半年被引入国内后,作为代理商的完美世界面对的是一个复杂而又充满挑战的市场环境。先行一步的腾讯已经将《英雄联盟》这款游戏提前内置进了每一台用做游戏娱乐的计算机里,低年龄段玩家很容易被其推广页面吸引,从而迈出尝试的第一步;而最早的《刀塔》玩家,则因为各种各样的现实原因退出了游戏舞台,其中有一部分跟随时代潮流进入了《英雄联盟》的世界。应该说,这并不是一个天时地利的好时机。

从宣传推广的角度来说,完美世界作为代理的表现着实无法令人满意。不乏玩家直到注册账号时,才第一次听说完美世界的名字。更加糟糕的是,由于 Steam 平台尚未在国内取得资质,《刀塔2》玩家需要同时绑定游戏和完美世界两个账号,而后者的服务器又时常出现错误,让玩家头疼不已。

2014 年 8 月,包括 CCTV-5 在内的各大媒体终于"代替"完美世界,用大幅版面给予了《刀塔2》前所未有的曝光度。出现在新闻里的是第四届《刀塔2》国际邀请赛(TI4)和赢得世界冠军的中国队伍新蜂(Newbee),这群年轻的电竞选手获得的不只是荣誉,还有超过 500 万美元的巨额奖金。

全球各地的玩家在《刀塔 2》游戏客户端的内置观战系统里共同观看了这场比赛。比赛直播并不设置门票作为门槛，玩家可自愿购买标价为 9.99 美元的《互动指南》用来兑换各类游戏虚拟道具。同时，作为对电竞赛事的支持，《互动指南》总销量的 25% 被维尔福公司投入 TI4 冠军奖池，而当奖池累积达一定金额，维尔福公司将根据玩家意愿在《刀塔 2》的下一版本更新中增添新的元素或玩法。

在这样的运营模式下，维尔福公司最初投入的 160 万美元经过玩家支持，变成了千万美元级别的赛事奖金及《刀塔 2》在电子竞技发展过程中创下的第一个纪录。这笔丰厚的奖金不仅进一步打响了游戏知名度，也为电子竞技行业的发展添上了浓墨重彩的一笔。

6.3 俱乐部

时代开始发力，游戏业已公布，其后就是俱乐部的发展。电子竞技行业触底反弹之后，各个俱乐部如雨后春笋般破土而出。市场的萌动带来了集聚效应，俱乐部的推波助澜使得电子竞技行业开始走向市场化和正规化。其中，iG 和 WE 两个俱乐部可以作为典型，窥斑见豹。

6.3.1 iG

1. 发展历程

iG（Invictus Gaming）电子竞技俱乐部成立于 2011 年（见图 6-6），在国内算是名副其实的老牌俱乐部。在不熟悉电竞圈的人眼里，iG 最大的热度来自其老板王思聪。起初，很多人认为这只是他的玩票之作，但在实际上，iG 自创立至今，已经在《英雄联盟》《刀塔 2》《CS：GO》等多个游戏项目上建立了战队，并且取得了不错的成绩。

图 6-6　iG 电子竞技俱乐部

凭借着出色的实力和王思聪本人的影响力，iG 电子竞技俱乐部目前获得了 200 多万微博粉丝的支持和罗技等知名赞助商的青睐。

2．获得成绩

2011 年 8 月，《英雄联盟》战队击败 WE 夺得 WCG2011 中国区总决赛冠军。

2011 年 12 月，《刀塔 2》战队先后夺得 ECL2011 年终总决赛冠军、SMM2011 世界总决赛冠军和 WCG2011 中国区亚军。

2012 年 9 月，《刀塔 2》战队夺得第二届《刀塔 2》国际邀请赛冠军；同年 11 月，获得 WCG 世界总决赛冠军。

2012 年，《穿越火线》战队获得 WCG2012 中国区及世界总冠军。

2013 年，《英雄联盟》战队在 SWL 第二赛季的总决赛上再战 WE，最终赢得冠军，在 IEM 新加坡站夺得冠军，并且在 LPL 春季赛上以小组第一的成绩出线，最终赢得季军；同年，《刀塔 2》战队狂揽 NEST 全国电子竞技大赛《刀塔 2》亚军、超级新浪杯《刀塔 2》冠军、风云争霸赛《刀塔 2》季军、ACE-WPC《刀塔 2》亚军和 2013 年 ECL《刀塔 2》

冠军五块奖牌；《穿越火线》战队夺得第一届 CFS 国际联赛冠军。

2014 年，《英雄联盟》战队在第一届"德玛西亚杯"力克 WE 夺得冠军；《刀塔 2》战队在 WPC 世界电子竞技职业精英赛、ESL ONE 法兰克福联赛和 GEST JUNE 联赛上接连夺冠。

2015 年，《英雄联盟》战队在 LPL 春季赛和夏季赛上位列季军、IET2015 义乌国际电子竞技大赛上夺得冠军、2015 年"德玛西亚杯"年终总决赛上不敌 EDG 取得亚军；《刀塔 2》战队在 StarLadder12 总决赛上取得亚军。

2016 年，NEST 全国电子竞技大赛上，《英雄联盟》战队战胜 LGD 战队取得冠军。

2017 年，《刀塔 2》战队参加 DAC 亚洲邀请赛并以 3∶0 的绝对优势夺得冠军。

6.3.2　WE

1. 发展历程

WE 电子竞技俱乐部（见图 6-7）成立于 2005 年 4 月，最初的 WE 是一支《魔兽争霸 3》战队，由美国 IGE 公司和锐派游戏（Replays.net）赞助，由中韩两支顶尖魔兽战队 Yoliny 和 Friends 合并组成，队内成员包括 Sky、SuhO 和 Sweet 等世界级选手。2008 年，韩国队员集体离队，WE 展开了一场大换血，许多日后著名的《魔兽争霸 3》选手 TeD、infi、Like 正是在这时进入了 WE 主队。

2010 年，《魔兽争霸 3》热度下降，许多老队员纷纷离队，WE 在困境中寻求转变，建立了《英雄联盟》战队和《星际争霸 2》战队。《英雄联盟》战队作为俱乐部此后的运营核心，留下了很多好成绩和优秀选手。

《英雄联盟》在中国的发展历程中，WE 是当之无愧的元老。

图 6-7　WE 电子竞技俱乐部

2. 获得成绩

2005 年，夺得 2005 年 WCG《魔兽争霸 3》项目冠军。

2006 年，夺得 WCG《魔兽争霸 3》项目冠军、IEF 国际数字娱乐嘉年华世界大赛冠军、WCG 意大利世界总决赛冠军、ESWC 法国世界总决赛季军。

2007 年，夺得 WCG 美国西雅图世界总决赛亚军。

2008 年，夺得 ESWC 世界总决赛亚军。

2011 年，《魔兽争霸》战队取得 WCG2011 中国区亚军、总决赛亚军；《英雄联盟》战队取得 IEM6 广州站冠军。

2012 年，《英雄联盟》战队在 IPL5 上以全胜的成绩打进决赛并击败 Fnatic 夺得冠军。

2015 年的 IEM9，《英雄联盟》战队在韩国强队中杀出重围进入决赛，最终不敌 TSM 取得亚军；在全国电子竞技大赛上击败 Snake 取得冠军。

2016 年，《英雄联盟》战队取得 LPL 春季赛季军；《英魂之刃》战队豪取第一届 CPL 职业联赛、TGA 夏季争霸赛、第三届 CPL 职业联赛、《英魂之刃》全球总决赛四座冠军奖杯；《FIFA》战队在 FSL 职业联赛第三赛季上取得亚军。

2017 年，《英雄联盟》战队夺得 LPL 春季赛冠军。

通过这两大俱乐部的比赛成绩可以看出，俱乐部的商业化运行模式和准规范化的管理与培训，为接下来电竞行业的快速发展，打下了一个坚实的实践基础。

6.4 平　　台

6.4.1 天梯体系

在早期没有天梯体系的电竞对战平台中，玩家之间的匹配是完全随机的，经常发生实力差距过大的情况。对于实力强的玩家来说，匹配到实力弱的玩家会让整个游戏过程十分无聊和乏味，而后者则会因为一直被压制而失去信心。正是这种情况催生了天梯体系。

所谓"天梯"，即天梯匹配系统，简单来说就是游戏对战平台根据玩家的对战情况，通过一定的算法计算出玩家综合实力排名。排名持续更新，玩家可以在"天梯"中找到自己的位置，了解自己的水平。"天梯"的另一个作用就是根据玩家的水平来匹配游戏，这样做的目的是让玩家能够和自己水平相近的玩家对战。

天梯体系的发展是一个漫长的过程。隶属于微软的全效工作室开发的《帝国时代》首次推出了玩家排名系统。暴雪公司紧随其后，在其自主开发的电竞对战平台"战网"中的《星际争霸》等游戏中引入了天梯体系（见图 6-8）。在这之后，各大游戏公司都开始模仿。中国玩家较早接触到的完善的天梯体系是 11 对战平台提供的《刀塔》"天梯"。其精准、独特的算法深得人心,这一点让专为《刀塔》打造的 11 对战平台成为当时最有吸引力的对战平台。

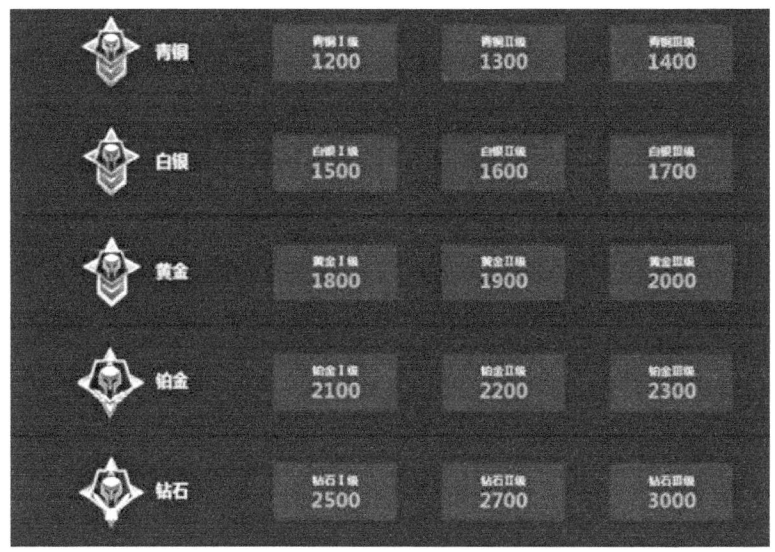

图 6-8　天梯体系

随着时间的推移,不同种类的游戏都开始引入天梯体系。这种模式提升了玩家的成就感,激励玩家在"天梯"中获得更高的名次,给电子竞技营造了很浓的竞争氛围,而这些都大大刺激了电子竞技的发展。

为了适应不同游戏的不同特点,各大游戏引入的天梯体系也各有不同。总体来说,越强调个人的游戏,"天梯"越能反应玩家的实力。时至今日,几乎每一款电子竞技游戏都有其天梯体系,"天梯"早已成为当今电子竞技必备的一部分(见图 6-9)。天梯体系能够一直保持到现在并且发展得更加成熟,是有多方面原因的。

首先,电子竞技是一项体育赛事,必然需要有和体育竞赛相似的排名系统。电子竞技多为团队合作,这与美国职业篮球联赛(NBA)有着相似点。NBA 有完备的公正的个人水平计算系统,如篮板数、命中率、场均得分等,这些数据可以帮助公司全方位判断一个球员的实力。所以,对于作为一项体育赛事的电子竞技来说,"天梯"的存在有其必要性。

图6-9 《英雄联盟》是使用白银、黄金等段位的天梯体系的游戏

其次,由于电子竞技游戏的对战都是通过对战平台的随机匹配,天梯体系在这方面发挥了其最重要的作用——保证公平。"天梯"的存在,防止了参与对战的玩家实力差距过大,无论实力强或实力弱,每位玩家都可以通过"天梯"找到自己的位置,享受游戏的乐趣。

再次,对于玩家本身来说,"天梯"排名可以让玩家更有成就感。如果玩家赢下一盘游戏之后,并不知道自己的水平有多少提升的话,就不会获得太多满足感。有了"天梯",玩家能够了解自己实力的增减情况,可以关注自己多方面的提升情况。当然,天梯体系也会满足玩家的虚荣心,当玩家知道对方的"天梯"排名后,高的一方会获得较大的满足感,低的一方会受到激励,这就很好地营造了相互竞争的良好氛围。

但是,"天梯"排名目前也存在许多问题。最重要的是,"天梯"排名会让玩家的注意力过分关注排名,而失去了单纯对战的乐趣。一局对战过后,输家会因为排名的后降而很沮丧。在一些偶然的情况下,玩家可能会连续输掉比赛,"天梯"排名持续下降,导致玩家对游戏彻底失去兴趣。这样的情况时常发生。

6.4.2 VS 竞技游戏平台

"天梯"在某种程度上相当于一个综合数据平台,而这些数据的来源当然还是一次次实际的对战和比赛,对战平台是更为刺激的战场,也是电竞行业的核心数据平台。

2004 年 9 月,唯思软件有限公司在广州成立。这家公司的主要业务是研发和运营游戏对战平台。2005 年 10 月,VS 竞技游戏平台开发完成并推向市场(见图 6-10)。

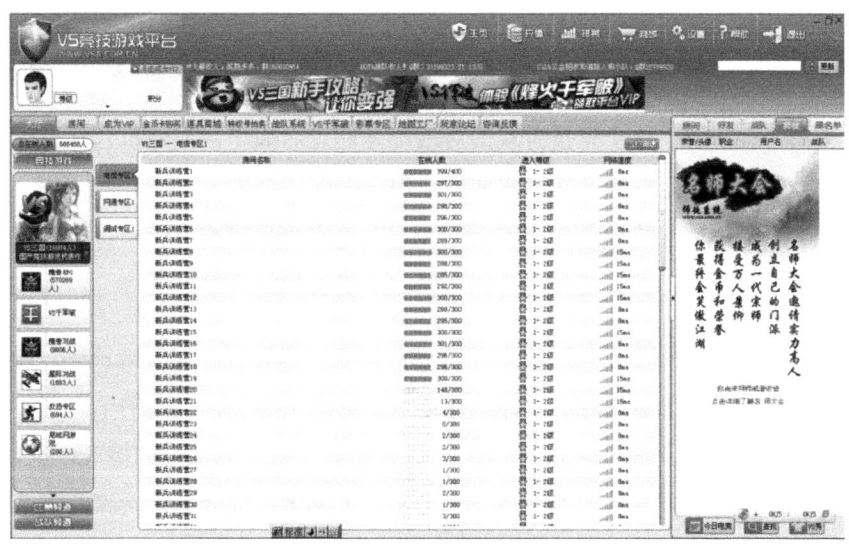

图 6-10　VS 竞技游戏平台

VS 竞技游戏平台的研发人员用了几年的时间进行调查，积累了大量的游戏对战第一手资料，深入分析市场需求，因此一经推出就受到了广大玩家的欢迎。研发团队配合十分默契，极大地提升了研发速度。通常来说，开发这样一个集成度很高、功能丰富的平台，需要的人力和时间都很多，但是唯思软件的研发团队紧密配合，只用了半年时间就完成了研发并上线，在行业内创造了一个奇迹。

　　VS 竞技游戏平台上线之后，唯思软件又继续提供了细致周到的服务，不断用更丰富的游戏体验吸引玩家，因此得到了大量玩家的追捧。截至目前，VS 竞技游戏平台注册用户达到 8400 万人次，同时在线人数峰值也已经达到了 100 万人次的量级。

　　VS 竞技游戏平台不仅吸引了国内玩家，很多国外玩家也来到平台上参与对战。VS 竞技游戏平台与国家体育总局、共青团中央、CCTV、英特尔等相关部门、媒体及企业达成了良好的合作关系，还与世界各地的电子竞技协会展开交流，实现了国际范围内的合作。今天，VS 竞技游戏平台在整个亚洲都打响了名气，还吸引了很多国际顶级赛事在平台上举办比赛。

　　VS 竞技游戏平台的颠覆性创新，在于它具有十分强大的积分系统。该系统借鉴了暴雪的"战网"，当玩家在平台上进行对战时，平台服务器会记录玩家的成绩，并且根据成绩高低与胜率制定等级。不同等级的玩家对应不同的竞技水平。等级低的玩家努力提升成绩，等级高的玩家则可以向职业化的方向努力。很多战队正是借助积分系统从玩家中找到有潜力的选手，招揽进战队继续培养，为战队不断输送新鲜血液。在组织比赛时，也可以省去线下比赛繁杂的遴选程序，可以直观地看到玩家们的等级，便于组织选手。

思考题

1. 在资本最初进入电子竞技行业的时候,恰逢其处于低谷,请结合实际分析,资本最初看中的是电子竞技行业的哪些发展潜力?

2. 请从多个角度(市场情况、玩法改善等)分析说明为什么《英雄联盟》在当时会火爆?

3. 《刀塔》作为"MOBA"鼻祖,为什么会让《英雄联盟》在"MOBA"市场分了一块大蛋糕?

4. 除了书中介绍的两大俱乐部之外,其他的俱乐部是否还有另辟蹊径的发展模式?请结合具体案例分析说明。

5. 请分析电竞对战平台出现的原因,并说明应该如何看待天梯系统和对战系统的关系。

第七章　盛世（2014—）

7.1　背　　景

7.1.1　资本催化

在过去相当长的一段时间里，中国的电竞产业一直是通过"富二代"模式运转的。2008 年，中国电竞尚处于十分不稳定的发展期，恰巧又碰上了世界金融危机，本就缺少赞助商和推广渠道的中国电子竞技顿时跌入低谷，一直坚持到 2011 年。iG 电子竞技俱乐部创始人王思聪和 EDG 电子竞技俱乐部创始人爱德朱等人凭借丰厚的资本率先进入电子竞技这片蓝海，才改变了低谷的局面，而且至今已经获得了一定的成就。

2011 年 8 月，王思聪高调进入电子竞技产业圈，收购了面临解散的 CCM 战队，重组为现在的 iG 电子竞技俱乐部。随后，他还发起成立了 ACE 联盟和移动电竞联盟，创办了香蕉娱乐和熊猫直播等公司，可以说是涉及了电竞圈的各个方面，整个电竞市场的生态环境都因他的入场而发生了天翻地覆的变化。无论出于哪种原因，王思聪在电子竞技产业上的投资毫无疑问是非常成功的。这引来了其他人的效仿，包括秦奋、蒋鑫、侯阁亭等人，以及周杰伦、余文乐等明星都开始涉足电竞圈。不过从目前看来，表现比较好的有 iG、Snake 与 EDG。

然而，随着联盟化的改革，电竞资本的原有格局被打破了。

2017 年，中国《英雄联盟》职业联赛（LPL，见图 7-1）迎来了一场大变革，原有的升降级制度被一套类似于 NBA 的全新联盟规则所取代，各战队拥有属于自己的主场，按照主客场制度进行比赛，同时还制定了全新的薪酬体系和收益共享政策。据官方公开的信息，自 2018 年新赛季开始，LPL 联赛席位从 12 个增加到 14 个。2018 赛季开始时，联赛中除了原有的 9 支 LPL 队伍，还有 2017 年从 LSPL（《英雄联盟》甲级联赛）升级成功的 VG 战队和 4 支通过竞标产生的全新战队。

图 7-1 LPL 联盟 LOGO

获得席位的 4 支全新战队背后都站着资本巨头。他们分别是由华硕 ROG 投资的 RW（Rogue Warriors）战队、由滔搏运动投资的 TOP（Top Sports）战队、由 Bilibili 视频网站投资的 BLG（Bilibili Gaming）战队和由 FunPlus 投资的 FPX（FunPlus Phoenix）战队。其中，BLG 战队和 TOP 战队分别是由 IM 战队和 DAN 战队重组而成的。据报道，这类通过竞标进入 LPL 的战队，最高投入了 9 000 万元资金。如此大的金额投在一只高水平的电子竞技战队上，是以往无法想象的。

与传统老牌俱乐部相比，这些巨头更加"专业"。这里所说的专业，并非是说他们在电子竞技上懂得更多，而是指作为一家大型企业，他们有更丰富的运营经验。电竞俱乐部开始了企业化运营，旗下包括宣传、市场、行政等各个部门，教练、队员都是员工。在这种精密高效的运作模式之下，这些新生俱乐部的成绩提升十分迅速。

其实在LPL联盟化之前，这种资本加盟的倾向就已经出现了。2017年，苏宁与京东两大电商巨头先后进军电竞行业，成立了SNG（Suning Gaming）电子竞技俱乐部和JDG（JD Gaming）电子竞技俱乐部，并且都在2018赛季成功进入LPL。比起个人赞助模式，这类企业赞助能够提供更多的资源。SNG与JDG在建立后短短一年时间里进步神速。尤其是JDG战队，在2018 LPL夏季赛开始之初即宣布前WE教练红米的加入，此后一路表现不俗，颇具强队风范。新加入的RW与BLG也各自小有成绩。RW在春季赛中击败iG获得季军，BLG则在德玛西亚杯上从败者组一路杀出重围夺得亚军。

如今，国内电子竞技行业虽然得到了长足的发展，但是由于运营成本居高不下，俱乐部通常处于亏损状态。资本大举进入之后，除了为电子竞技输血之外，仍然需要不断探索新的商业模式，才能实现盈利。一些企业开始和赛事主办方合作联营，共同分配利益。赛事版权也正在寻求广泛的国际合作。

电子竞技可以借鉴的一种运营方式是向传统体育靠拢，摆脱只依靠赞助商的旧有模式。例如，NBA作为传统体育项目，实现了全球化运营。NBA在全世界范围内招揽人才，整合商业资源以获取最大的收益，凭借巨大的关注度和丰厚的年薪吸引全球最顶尖的球员加盟。通过一系列举措，NBA本身及旗下球员的商业价值都得到了最大限度的体现。

新的资本入局后,电子竞技的行业资源开始整合。一些资本巨头引领了变革,从培养电子竞技专业人才到组建俱乐部联盟,再到赛事的推广和产业扩张,都与 NBA 的发展之路非常相似。资本注入和联盟化等变化,意味着中国电子竞技产业正在朝着更加成熟的方向发展,一步步朝传统体育赛事的专业程度靠拢。俱乐部升降级制度取消后,队员们没有了后顾之忧,可以在训练中投入更多精力,试错的成本也降低了,有实力的新人能够获得更多的上场机会。同时,资本巨头的加入所带来的各种资源会在整个联盟内部形成良性循环,加速电子竞技产业的发展,打造更加优秀的电竞生态圈。

7.1.2 政策支持

电子竞技作为一项运动,离不开媒体的宣传,受政策的影响也很大。早年间,电子游戏大多来自国外,电子竞技受限于意识形态的管制。比如,2004 年国家广电总局出台政策,禁止网游类节目在电视上播出。这直接导致了中国电子竞技产业无法模仿国外的发展模式,只能摸索一条新路。

近几年,和电子竞技有关的政策逐步明确,官方媒体对电子竞技的报道增多。在这样的背景下,中国电子竞技产业发展迎来飞跃。

2016 年,电子竞技的政策限制迎来了全面解禁。

文化部"26 号"文件提出,要鼓励游戏游艺设备生产企业积极引入体感、AR、VR 等先进技术,支持打造游戏游艺竞技赛事,开放游戏游艺设备的生产和销售,取消之前对游艺娱乐场所总量和布局的要求。国务院总理李克强主持召开国务院常务会议,会上提到了要因地制宜发展电子竞技。2017 年,文化部发布了《文化部"十三五"时期文化产业发展规划》,其中再次提到要推动游戏、电子竞技产业的发展。

在政策放宽的大环境下，我国电子竞技产业进一步发展。前瞻产业研究院发布的《2018—2023 年中国电子竞技行业商业模式构建策略与投资战略规划分析报告》显示，2016 年我国电子竞技产业市场规模已经突破 500 亿元，电竞辐射人数已接近 2 亿人。

随着电子竞技逐渐朝着专业体育项目的方向发展，国家各有关部门不断出台相关政策，对电子竞技行业进行完善与规范。2018 年亚运会上，《英雄联盟》等电子竞技项目第一次成为表演赛项目，这意味着电子竞技运动已经赢得了全国乃至世界范围内的认可。

7.1.3 玩家激增

电子竞技产业的兴盛直接体现在玩家数量上。据 Newzoo 统计，2017 年全球各大电竞赛事的观众数量高达 3.8 亿人，其中包括 1.91 亿电竞玩家和 1.94 亿多次收看比赛转播的电竞爱好者。到 2020 年，预计电竞玩家数量将增长 50%，达到 2.86 亿人。

玩家人数和市场收入的高速增长背后，一个非常重要的原因是移动电竞的发展。风靡中国的现象级游戏《王者荣耀》，就是移动端游戏中典型、成功的例子。面对日渐加快的生活节奏，人们对游戏的需求更加偏向轻量化和娱乐化。因此，更方便快捷的手游很快就收获了大批受众，移动电竞的概念也应运而生。在传统的端游方面，也有《绝地求生》这匹"黑马"杀出重围。据权威数据公司 SuperData 统计，2017 年 10 月，《绝地求生》玩家数量达到了 1300 万，观众总数 2.02 亿人，观众数量仅次于第一名《英雄联盟》的 2.86 亿人。

市场收入和玩家人数呈指数状态上升，这能够强有力地说明，电子竞技产业正处于空前的盛世。

7.2 游　戏

7.2.1 手机游戏

1.《王者荣耀》

（1）游戏介绍。

《王者荣耀》（见图 7-2）是一款典型的 5V5 MOBA 游戏，在端游上最著名的两个原型游戏就是《英雄联盟》和《刀塔 2》。而手游的一大优点就是方便快捷，游戏整体节奏要比端游快得多，游戏地图更小、推塔速度更快，弱化了对线而更强调 GANK（Gangbang Kill 的缩写，游戏中的一种常用战术，指两个以上的"英雄"并肩作战，对敌方"英雄"进行偷袭、包抄、围杀，通常是以多打少，又称"抓人"）和团战，通常 10~20 分钟就能结束一局游戏。

图 7-2 《王者荣耀》官方 LOGO

(2)研发历程、玩家数量和历史意义。

《王者荣耀》上线后立刻大火,腾讯也看准了《王者荣耀》的发展前景,上线几个月后便推出了 TGA2016 春季赛,开始摸索手游电竞赛事的可能性。

尽管许多端游玩家对手游电竞嗤之以鼻,认为没有了计算机、键盘等设备,仅仅靠手机来对抗的游戏根本称不上是"电子竞技"。然而,手游更简单的设定、更低的操作门槛及腾讯体系社交网络的助推,使《王者荣耀》的玩家数量呈现了惊人的增长,各大直播平台也纷纷"倒戈",顺势推出了手游专区,催生出了一批热门主播。网友们也将《王者荣耀》昵称为"农药"。

2017 年年底,《王者荣耀》海外版《Arena of Valor》正式登陆北美地区,IGN 称其为"世界上最受欢迎的游戏"。2018 年《王者荣耀》上线任天堂 Switch 平台。

(3)赛事介绍。

作为一款诞生在电子竞技产业发展正盛时期的热门游戏,《王者荣耀》无疑是幸运的(见图 7-3),它可以直接借鉴同为腾讯旗下《英雄联盟》的运营经验。同时还可以借鉴各大职业体育联赛的经验。目前,《王者荣耀》已经形成了自己的一套赛事体系,其中包括官方举办的三大赛事——《王者荣耀》职业联赛(KPL)、王者城市赛(KOC)及王者校园争霸赛(校园赛)。

2016 年 9 月,《王者荣耀》正式上线不到一年,就建立起了自己的职业联赛——KPL(King Pro League)。KPL 每年有春季赛和秋季赛两个赛季,从 2018 年开始,还划分了东部和西部两个赛区,先进行赛区内部的比赛,之后再进行决赛。

图 7-3 《王者荣耀》游戏截图

KPL 是《王者荣耀》的顶级联赛（见图 7-4），和 LPL 一样，处于其所属赛事体系的顶端；KOC 可以算是 KPL 的次级联赛，主打"你身边的《王者荣耀》比赛"，比赛地点选在各个城市，尽可能接触到更多的粉丝。每年的 KOC 冠亚军可以参与下一届的 KPL 选拔，表现出色就有可能晋级；"王者校园争霸赛"主要面向高校群体，可以起到培养新鲜血液的作用。

从一些简单的数字就可以看出 KPL 的观赏性与竞技性，以及由此带来的发展规模。2016 年首届 KPL 颁奖典礼结束后，主办方发布了一系列观赛数据。在短短的三个月时间内，KPL 观赛人次突破 3.5 亿，日观赛用户峰值超过 800 万人次；而在观赛的同时，更有 3600 多万人参与实时赛事互动。其季后赛日均观赛时长也达到 28 分钟。明星战队、选手、解说和视频制作者的数目不断增长。

2017 年的 KPL 秋季赛总决赛奖金再创新高，达到了 280 万元人民币。其中，冠军奖金为 120 万元、亚军奖金 60 万元、季军奖金 30 万元，其余的 70 万元由其他获得名次的参赛队伍分享。

图 7-4 《王者荣耀》职业联赛 KPL

2.《球球大作战》

（1）游戏介绍。

休闲类游戏（Casual Game）指的是容易上手、操作和规则都比较简单的电子游戏。这类游戏可能有很多题材和类型，但是一定有一个共同点——规则不会太复杂。休闲类游戏往往考验的是玩家的操作技巧和集中力，如比较常见的俄罗斯方块、对对碰、泡泡龙、纸牌、扫雷、五子棋等。

休闲类游戏一般没有剧情，它的目的是让玩家打发时间，一部分和社交功能挂钩的休闲类游戏往往没有固定的受众，只要你平时上网、使用电子设备，就有可能会打开一局游戏消磨时间，一般都可以在线免费玩，部分需要下载的对硬件要求也不高，很容易安装。

随着电子竞技开始成为热点，有人提出了"休闲电竞"的概念。顾名思义，休闲电竞兼具传统电竞的公平性、观赏性、对抗性和低门槛、易操作、时间短的特点，它最大的特性是"轻"，一局比赛的时间并不长，而且游戏内容也不复杂。在许多人看来，休闲类游戏的竞技性不高，但事实上随着玩家需求的多样化和游戏品质的提高，休闲类游戏电竞也不是完全不可行的。

在 2017 年举办的第二季 MEST 移动电子竞技大赛（Mobile Electronic Sports Tournament，简称"MEST"）上，除了大热的《王者荣耀》，还有一款游戏也登上了比赛赛场，那就是《球球大作战》（见图 7-5）。在许多没怎么接触过这款游戏的玩家看来，很难想象这样一款简单的"大球吃小球"的游戏要怎样和电子竞技结合起来。实际上，这种"大球吃小球"的规则看似简单，但是在游戏过程中可能会出现各种各样的意外，玩家可以使用各种策略努力生存下去。尤其因《球球大作战》是一款实时互动 PK 游戏，一局游戏中有多个玩家参与，玩家之间为了生存也有可能"结盟"或"背叛"，这些因素都为《球球大作战》增添了观赏性。在电子竞技的舞台上，看惯了 MOBA 类和 FPS 类的打打杀杀，这种氛围更加轻松的电子竞技也不失为一种乐趣。

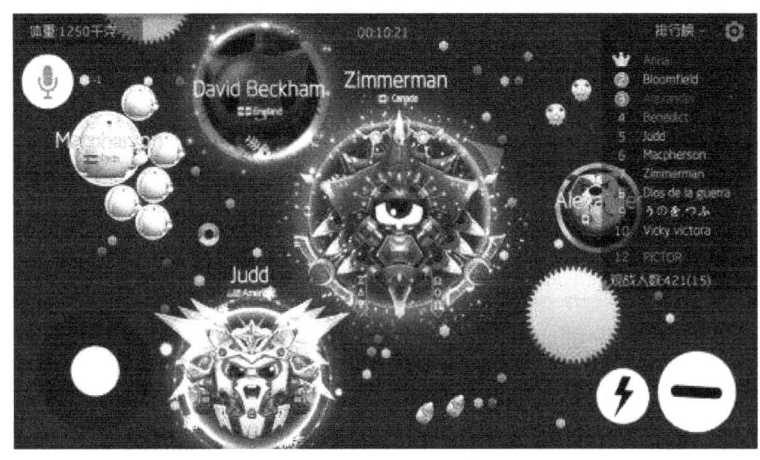

图 7-5 《球球大作战》游戏截图

（2）玩家数量、赛事介绍。

作为一款看似规则简单的休闲类游戏，《球球大作战》本身也是一款热门游戏，由巨人网络Superpop&Lollipop工作室自主研发，在2015年发售后，第二年就获得了2016星耀360游戏"年度十大人气移动游戏奖"，登上了"2016 中国泛娱乐指数盛典"，获"中国 IP 价值榜——游戏榜Top10"，还被正式列入CEST首个移动电竞项目。由此看来，休闲类游戏电竞的成功与游戏本身的高质量和可玩性密不可分。

作为国产游戏，《球球大作战》画风明快、玩法别开生面，已经成了健康休闲类竞技游戏的代表。同时，免费下载、上手容易，加上市面上没有同样类型的游戏，很容易让玩家自发传播。到了2018年，《球球大作战》俨然已经成为当前最具人气的移动电竞游戏之一，累计用户数已超过1.7亿，最高同时在线人数突破175万，月活跃用户数达到6000万，其中大部分玩家都是"95后"和"00后"，年轻人成了休闲类游戏的主力军。

在持续的高人气推动下，《球球大作战》甚至举办了全球总决赛BGF（Battle of Balls Global Final）。2018年2月，以"波拉哩保卫战·勇士觉醒"为赛事主题的BGF（见图7-6）于上海梅赛德斯-奔驰文化中心正式拉开帷幕，在这场电竞盛会上，有来自世界各地的职业战队，通过赛区预选赛、小组赛、淘汰赛和决赛，最终由SR战队夺得总冠军。

图 7-6 《球球大作战》全球总决赛 BGF

7.2.2 大逃杀游戏

在电竞项目长期缺乏新势力的时候,大逃杀游戏的出现让这一日渐固化的格局再次出现了被打破的可能。

"大逃杀"这一概念的走红,归功于日本 2001 年上映的著名电影《大逃杀》,其英文名"Battle Royale"也成为这类模式的通用名词。随后,《饥饿游戏》等类似概念作品的走红,确立"大逃杀"这一亚文化。

1.《绝地求生》

(1)游戏介绍。

《绝地求生》(见图 7-7)由韩国电子游戏开发商蓝洞(Bluehole Inc.)旗下的 PUBG 公司开发,于 2017 年 3 月在 Steam 平台发行体验版,同年 12 月发行 Xbox One 版本。游戏本体需付费购买,游戏内的饰品道具可以通过对局获得的游戏币(Battle Point)购买。

图 7-7 《绝地求生》官方 LOGO

《绝地求生》是一款典型的多人制大逃杀射击类游戏，有第一人称、第三人称、单人游戏、双人组队、四人组队等多种模式可以选择。但是，无论哪种模式，每局游戏最多只允许 100 名玩家参加。游戏开始时，玩家可以根据随机的航线通过跳伞抵达战场，开局时玩家是没有任何装备的，落地后通过搜索获得装备，或者击杀其他玩家抢夺他们的装备。同样，玩家也要注意隐蔽踪迹，以免被其他玩家击杀，并利用地图上随机分布的医药、武器、车辆等各种资源，每局只有最后一人或者一队能够取得胜利。

　　除此之外，官方还会不定期推出限时活动，如提高特定枪支刷新率、添加其他特殊装备、八人组队模式、在小范围内进行积分式团队作战的死斗模式等。在活动模式中进行游戏不会影响段位分数。

（2）研发历程、玩家数量。

　　《绝地求生》的起源也可以追溯到一款游戏的 MOD 上。游戏中的道具、武器、角色、敌人、事物、模式、故事情节等任意部分都可能属于修改范畴。该游戏的首席设计师布兰登·格林曾经为《武装行动 2》制作过一款名为"DayZ: Battle Royale"的 MOD，发布后受到了众多玩家的喜爱。当时，索尼在线娱乐正在进行《H1Z1：杀戮之王》的筹备开发，格林受邀参与了该游戏的开发。之后，格林成了蓝洞的创意总监，他想要制作出一款全新的大逃杀游戏。

　　《绝地求生》与一般的大逃杀游戏不同的一点在于，游戏中的武器都是开局后通过搜索获得的。这样一来，如何平衡武器在地图上的分布就成了决定游戏体验的关键。蓝洞凭借其开发 MMO（Massively Multiplayer Online Role-playing Games，通常缩写为 MMORPG 或 MMO，大型多人在线角色扮演游戏，玩家可扮演一个或多个虚拟角色，并控制角色在游戏中的活动与行为）的经验，通过大量的表格和计算，确定了《绝地求生》中的资源分配。在随机分配的前提下,地图上必须有一些更容易出现优质装备的高级资源点,这样能让玩家们根据自身水平做出最合适的战略选择。对自己有信心的老玩家们可以选择跳伞到高级资源点与其他对手展开血拼抢夺资源,而新手玩家也可以选择资源少但跳伞人数也更少的地方"打野"。不管哪种玩法都有自己的乐趣,也都有可能获得胜利。游戏开始时的跳伞也是《绝地求生》的一大特色,由于每一局游戏航线都是随机的,玩家需要迅速选择合适的落点。玩家可以尝试很多不同的策略,如团队游戏时队员分散开来搜寻资源再会合,或是跳到有车辆的地方然后开车去无法跳伞抵达的高级资源点。

《绝地求生》的原始地图是在一个海岛上,许多玩家都在猜测其背景故事。实际上这是格林通过以前制作 MOD 的经验,最终认定一个拥有各种地形的海岛更适合大逃杀类型的游戏,这些多样的地形可以让玩家有更加丰富的战略选择。同时,格林在地图上加入了大量的苏联时代的元素,包括游戏中的建筑物、标志、标语等。控制地图的大小、车辆载具的性能、地图的布局、资源的分配等,都是需要注意的问题,玩家在一局游戏中既不能很轻松地走遍地图,又不能花费太多的时间在路上,蓝洞内部进行了大量的测试,经过多次版本更迭后,最终定下了我们现在所看到的地图。

《绝地求生》正式的游戏开发工作在 2016 年年初就已经展开了,开发时使用的是虚幻引擎,有许多开源数据库可以使用,开发速度比使用开发商自家引擎的《武装行动》和《H1Z1》(见图 7-8)要更快一些。2017 年 3 月体验版上线后,是长达 6 个月的测试阶段,在这段时间里开发小组每天进行一次服务器性能提升,每周进行一次错误修复,每个月进行一次游戏更新和性能平衡性调整。同时,后续的更新中增加了更多的功能,如自定义游戏、MOD 支持、与 Twitch 等串流媒体合作以实现游戏重播功能等,对这款游戏的规划远远不会止步在电子竞技上。

图 7-8 《H1Z1》官方海报

《绝地求生》一经推出就获得了极高的人气，有《H1Z1》在前，人们对大逃杀类型的游戏已经不再陌生，对《绝地求生》的接受程度更高。游戏自 2017 年 3 月 23 日发行体验版三天后，就为公司带来了超过 1100 万美元的收入，一周后便受到各大主播的青睐，成为 Twitch 平台上最受瞩目的游戏之一，直播时有超过 15 万人次的观众观看。发行第二个星期后，《绝地求生》在 Steam 平台上的销量突破 100 万套，玩家人数高达 98 000 人。到了 2017 年 5 月，累计销量超过 200 万套，6 月累计销量超过 400 万套，在 9 月时累计销量超过 1000 万套。《绝地求生》的人气在发布短短半年间呈现出飞速增长之势。

《绝地求生》在中国也受到了许多玩家的欢迎，因为游戏本身需要开局后搜索资源的特性，对局存在极大的不确定性，FPP 视角也让许多枪法不够好的玩家可以通过蹲点"阴人"、伏地躲藏等方式获得最终胜利，娱乐性极强。由于胜利后，玩家会看到"大吉大利，今晚吃鸡"的标语，因此《绝地求生》又被中国玩家称为"吃鸡"。尽管后续由于高人气也引发了外挂的爆发，带来了许多争端和对蓝洞面对外挂不作为的批评，但是《绝地求生》的人气依旧很高，许多电子竞技俱乐部都开设了《绝地求生》战队，还有许多路人高玩组建了自己的队伍。

在这样的高人气影响下，2017年11月，腾讯宣布正式与蓝洞公司合作，获得《绝地求生》在中国大陆的独家代理运营权及正版手游的独家授权。

（3）主要赛事介绍和中国选手战绩。

2017年11月，蓝洞公司在韩国釜山举办了《绝地求生》线下比赛，即G-Star《绝地求生》亚洲邀请赛。在这场比赛中，中国有4AM、iFTY、Tyloo、Armani、LGD和OMG六支队伍参赛。这次比赛使用TPP模式，分为单排、双排、四排三种比赛形式。最终由iFTY夺得冠军、4AM夺得亚军。

比赛大多选用FPP模式，主要是因为TPP模式中玩家视野范围更大，更方便观察周围环境。在这类游戏中，大部分选手在比赛时都打得比较保守，也更强调策略，而相比之下，FPP模式的竞技性和观赏性都要更强一些。

2018年2月24日，IEM举办了卡托维兹《绝地求生》邀请赛，中国战队只有LGD受到邀请。FPS类游戏本来就是欧美队伍的强项，比赛用的也是他们更加熟悉的FPP模式，LGD面对这样的局面依旧选择了TPP模式时偏防守的打法，最终在16支队伍中拿到了第9名，让许多国内玩家对他们的战术选择感到不满。实际上这也暴露了国内战队对于FPP模式的熟练度还远远不够，在枪法、战术、临场判断等方面都与欧美战队还有着很大的差距。

4AM代表中国在国际赛场上赢得了很多荣誉。2018年6月3日，在PCPI《绝地求生》中国职业邀请赛决赛中，4AM获得了TPP模式冠军，出征柏林参加2018 PGI全球总决赛，与其他国家的强队同场竞技。4AM在前4场比赛中的发挥一般，单场最高排名才在第4名。但是在最后阶段，4AM在队长韦神的带领下开始反击。在第5场比赛中，4AM

得到全场第 2 名。在最后的决胜局中,他们再接再厉,取得第 1 名,并一举跃升为总分第一,实现了绝地逆转。这场比赛不但让人们看到了 4AM 的实力,还能感受到他们强大的意志力和夺冠欲望。

(4)手游化。

在这个移动电竞大行其道的时代,《绝地求生》自然也逃不脱手游化的命运。在正版手游出现之前,市场上就已经有了许多类似的产品,如《荒野行动》《终结者 2》《小米枪战》等。2017 年 11 月,腾讯获得《绝地求生》在中国大陆的独家代理运营权时,同时拿到了正版手游的授权,之后便由天美工作室与光子工作室分别开发出了《绝地求生:全军出击》(见图 7-9)与《绝地求生:刺激战场》(见图 7-10)两款手游。

图 7-9 《绝地求生:全军出击》官方海报

图 7-10 《绝地求生：刺激战场》官方海报

手游版可以说是对端游版进行了完全的复刻，包括地图、枪械、载具等，都是完全相同的，但手游在操作手感和画质上自然还是比不过端游的，不过仍然不影响这两款手游各自拥有了大量的玩家。端游版更新后，手游版也会加班加点进行更新，如后来的沙漠地图和新的载具枪械都在手游版中得到了实现。同时，手游版增添了娱乐模式、段位等全新的元素。

除了国内版本，光子工作室还面向全球上架了《PUBG：Mobile》，在国外获得了一致的好评，一度获得 Google Play Store 及 iTunes App Store 热门游戏排行第一位。

（5）历史意义。

《绝地求生》的出现所带来的历史意义是十分深远的。首先，在《绝地求生》出现之前，类似的战术竞技求生类游戏在市场上几乎是一片空白的，大部分游戏要么单纯考验战术策略，要么是单纯的射击竞技，《绝地求生》却通过跳伞、地图资源分配、随机缩"毒圈"等方式让玩家在游戏中不得不进行更多的战略上的考量。这种战术竞技模式也让很多其他的游戏可以进行模仿和借鉴。

其次,《绝地求生》的火热几乎是现象级的,甚至带动了计算机硬件市场的繁荣,几乎70%的玩家都因为这款游戏对自己原有的计算机设备进行了升级,或者直接购入新设备。一时间,各大硬件销售与装机客服也不得不对这款游戏进行了解,因为他们面对着一大批询问这种配置能不能玩"吃鸡"的客户。

同时,《绝地求生》是一款门槛低、上限高的游戏,不管是高手还是菜鸟都能在其中找到乐趣,尤其是还有一大批娱乐主播专门在游戏里实验各种各样的新玩法和套路,一时间其超强的娱乐性让《绝地求生》在各大直播平台引领风潮。也正是这样的特性,吸引了大批的用户去观看相关的赛事与游戏直播。

7.3 政　　策

7.3.1 赛事政策

近年来,国家相继出台了一系列政策,对电子竞技进行监督和管理,促进电子竞技的健康有序发展。

2015年7月,国家体育总局出台《电子竞技赛事管理暂行规定》,取消了对"非信息中心主办的国际性和全国性电子竞技赛事,包括商业性、群众性、公益性电子竞技赛事"的审批,规定"合法的法律主体可自行依法组织和举办此类赛事"。2016年4月27日,国家发改委联合教育部、工信部、公安部和文化部等24个部委,下发了《关于印发促进消费带动转型升级行动方案的通知》。通知要求,"开展电子竞技游戏游艺赛事活动""加强组织协调和监督管理,在做好知识产权保护和对青少年引导的前提下,以企业为主体,举办全国性或国际性电子竞技游戏游艺赛事活动"。

这一政策的出台，可以说为电子竞技打开了高速发展的大门。取消了审批权意味着电子竞技的民间力量将能够更自由地竞争与发展，让市场起到主体和主导作用，同时也肯定了资本的作用，并为电竞的最终身份定下了基调。

相关部门不但出台了政策，还积极引导电子竞技行业良性发展，使电子竞技日益规范化。除此之外，WCA、CIG、CMEG 等电竞赛事背后都有政府的身影，对电竞的举措如表 7-1 所示。

表 7-1 政府对电子竞技行业的举措

时间	相关事件	内容
2009	国家体育总局体育信息中心成立了电子竞技项目部	电子竞技项目部正式接管中国电子竞技项目的相关管理工作。截至目前，已经有三个全国性质的大赛——全国电子竞技大赛（NEST）、全国电子竞技公开赛（NESO）、全国高校电子竞技联赛（CUEL），以及一个国际性质的比赛——国际电子竞技大赛（IET）
2013.3	电子竞技国家队成立	体育总局组建了一支电子竞技项目的 17 人国家队，其中选手 12 名、教练员 3 名、领队 1 名、翻译 1 名，在 9 个参赛项目总计 143 人的中国代表团中，电子竞技队在人数规模上排名第 4，超越了很多传统项目
2015.9	全国高校电子竞技联赛（CUEL）	由国家体育总局信息中心主办，涵盖全国十个分赛区，吸引了超过 100 所高校参加
2015.11	全国电子竞技公开赛（NESO）	由国家体育总局体育信息中心及上海体育总会主办。大赛采用全运会模式的赛制，以省市为单位角逐代表最高荣耀的团队冠军奖杯，是我国电子竞技体育发展战略的重要组成部分
2015.12	世界电子竞技大赛（WCA）	由银川市政府和银川圣地国际游戏所举办的全球性电竞赛事。WCA 创办于 2014 年，是一项全球性的电子竞技赛事，永久举办地为中国宁夏回族自治区首府银川市，比赛覆盖 278 天

续表

时间	相关事件	内容
2016.2	文化部牵头成立电竞分会	中国文化娱乐行业协会电子游戏竞技分会的成立有利于行业自律和行业协同，共同拓展行业业务范围，有利于统计整理行业问题，为监管政策制定及修改提供市场化证据
2016.4	义乌国际电子竞技大赛（IET）	由浙江省体育局、义乌市人民政府主办，浙江省电子竞技协会、义乌市文广新局（体育局）承办，下设《英雄联盟》《FIFA Online3》《CS:GO》三个项目
2016.4	全国移动电子竞技大赛（CMEG）	由国家体育总局体育信息中心联合大唐电信主办的首届官方大型综合性移动电竞赛事。大赛以移动电子竞技运动及产业健康发展为中心，引导规范移动电子竞技发展秩序，不断提升移动电竞产业规模及产业竞争力，大力促进我国移动电竞发展水平
2016.7	全国电子竞技大赛（NEST）	由国家体育总局体育信息中心主办，面向我国广大电子竞技爱好者的专业电子竞技综合性赛事。从2013年开始举办，旨在为广大电竞爱好者和专业选手打造公平、公正、公开的竞争与交流平台，塑造中国电子竞技综合类赛事的专业品牌
2016.7	2016全球电子竞技高峰论坛	近年来级别最高的电竞行业会议，对多项重要行业议题进行了讨论。参会人员包括国际电子竞技联盟（IeSF）43个成员国的主要官员，还包括全球顶级电竞企业、电竞管理机构、体育事务和运营机构、媒体和电竞明星等，总人数超过100名
2016.7	中国电子竞技嘉年华	由国家体育总局主办，嘉年华期间推出全球华人电竞挑战赛、全民电视电子竞技大赛、电子竞技产品展示、电竞产业高峰论坛、电竞产业规范标准圆桌会议、电竞大集及电竞互动音乐节等大型主题活动

在舆论宣传上，电竞赛事不再多是被批判的对象。CCTV对电子竞技进行了正面报道，采访了一批资深电竞从业者，从各个角度介绍了电子竞技的发展历程。《人民日报》以《用鼠标键盘进行的体育项目》为题对电子竞技进行了阐释，将电子竞技比作与围棋、台球同类的运动项目，

在一定程度上终结了关于电子竞技是否属于体育运动的争议。通过最权威的官方舆论引导，使大众对电子竞技有了全新的认识，不再认为电子竞技就是单纯打游戏。各大媒体也开始纷纷报道电子竞技，提升了电子竞技的宣传力度。

7.3.2　教育政策

由于电子竞技行业的发展十分迅速，必然需要大量的专业人才。而电子竞技行业在国内作为一个全新的行业，难以复制其他行业的经验，只能靠培养人才来弥补缺口。有数据表明，2018年，与电子竞技相关的工作方向有30多个，需要的从业人员数量超过26万人次。如今，电子竞技行业已经形成了一个完整的生态链，岗位高度细分。除了大众熟知的电竞选手和主播之外，还有很多幕后的专业岗位，如电竞赛事运营、电竞心理分析师、电竞数据分析师等，正是各个工作岗位的协同配合才能保障电竞比赛的顺利进行。

在这样的紧迫形势下，电竞教育政策也随之进行了改革的破冰之旅。2016年9月6日，教育部公布了《普通高等学校高等职业教育（专科）专业目录》。该名录中出现了13个全新的专业，其中就包括"电子竞技运动与管理"。该专业属于高校中"体育类"专业，有相应办学资质的学校可以从2017年开始正式招生。截至2018年1月，有13个院校宣布已经或即将开设电子竞技的专业课程。与过去相比，这是一个颠覆性的改变。电子竞技从人人喊打的"电子海洛因"，变成了在大学里登堂入室的专业课程。大学生们可以名正言顺地进行游戏产业的相关学习，而不必担心被批评"不务正业"了。

政府之所以出台这样的政策，是建立在对电子竞技发展积极与自信的基础上的。电子竞技行业要发展，就必须依靠人才。这些从业人员不但要掌握与电子竞技有关的知识，还要具备与其他产业协同联动的能力。

从目前的情况来看,这样的人才数量非常稀少,和电子竞技市场规模的发展速度并不匹配。除了各大院校之外,一些电竞公司也开始着手培养自己的人才。很多赞助商也行动起来,为电竞教育提供赞助。

在电子竞技产业基础较好的上海,有很多公司也在寻求电竞教育的发展模式和出路。其中较为成功的是上海的久意电竞。久意电竞作为国内知名的电竞赛事主办方,拥有丰富的赛事组织和举办经验。久意电竞通过校企联合办学的方式,利用双方的资源优势,同时携手一线电竞俱乐部、电竞周边厂商等众多资深电竞从业者,与众多高校一同形成了"教学研行"的电竞人培养体系。

7.4 赛 事

7.4.1 TI

1. 赛事介绍

自从 2011 年第一次举办以来,TI(The International DOTA2 Championships)即《刀塔2》国际邀请赛每年举办一届(见图7-11)。这个全球性的电子竞技赛事一直以来由维尔福公司(Valve Corporation)负责主办,每届的冠军队伍及其队员的名字被记录在由维尔福公司特制的奖杯——冠军盾牌中。

图 7-11 TI 主 KV 设计

2. 赛事发展

2011年8月,第一届TI在科隆游戏展上拉开序幕。此次比赛共邀请了16支国际队伍参与,160万美元的比赛奖金由维尔福公司出资赞助,硬件则由英伟达公司提供支持。这是《刀塔2》首次在国际上亮相,为了便于各国的游戏玩家及时了解赛况,整场赛事使用了多种语言在网上进行解说。

2012年8月末至9月初,维尔福公司在西雅图贝纳罗亚音乐厅举办了第二届TI。与第一届邀请赛相比最大的不同点在于,竞赛舞台被隔音玻璃室划分为不同的区域,各支队伍必须在玻璃室内完成比赛。比赛奖金的总金额虽与第一届相同,但其中100万美元的奖金由冠军队独得。

2013年8月中旬,维尔福公司再次于西雅图贝纳罗亚音乐厅举办了第三届《刀塔2》国际邀请赛。参赛的16支队伍中,有13支队伍是受邀请参加比赛的,而另外3支队伍则是经过两轮的选拔才获得参赛资格的。维尔福公司将赛事的日程及其他细节制作成一本《观赛指南》向观众兜售。售卖《观赛指南》所获利润的四分之一被用于增加奖池的奖金,这让TI一跃成为历届电竞赛事中奖金最高的比赛。奖池奖金总额高达287万美元,要知道,当时《英雄联盟》世界锦标赛第二赛季的奖金也只有200万美元。

第三届TI邀请了著名的KCPQ新闻主编凯西·艾奇逊担任赛事主持人,并通过采访专业玩家和分析师增加赛事的看点。据相关数据显示,超过100万人次通过互联网观看了这场赛事。

2014年7月,由于《刀塔2》名气日盛,拥趸越来越多。在第四届TI赛事中,维尔福公司更换了赛事场地,选择在更为宽阔的钥匙球馆举行比赛(见图7-12)。同时维尔福公司将门票按照座位划分为三种不同价位。门票开售后,不到一小时便已全部售罄,赛事的受欢迎程度可见一斑。虽然此次参赛的队伍依旧有 16 支，其中 4 支队伍是通过地区选拔赛选出的，还有 1 支是各地冠亚军战队通过外卡预选赛选出的，因此受邀参加的队伍只有 11 支。超过 1000 万美元的比赛奖金则再次打破了电竞赛事的奖金纪录。

图 7-12　TI 比赛现场

2015 年 8 月，维尔福公司在美国西雅图举办了第五届 TI。16 支参赛队伍中，受邀请参加的只有 8 支。另外，比赛总奖金再次刷新纪录，超过了 1800 万美元，其中 1640 万美元是通过销售门票获得的。观众对《刀塔 2》的热情空前高涨。

2016 年 6 月，维尔福公司宣布了第六届 TI 邀请直接参加比赛的 6 支队伍及地区预选赛的细节内容。减少邀请直接参赛的队伍，让欧洲、美洲、中国、东南亚四个赛区预选赛的冠军和亚军都能参加真正的主赛事。另外剩余的两个空位将从在西雅图举行的外卡赛中产生。8 月 3 日，比赛正式开始，此时奖金总额已达到 2073 万美元。除了维尔福公司提供的 160 万美元基础奖金之外，其余的奖金都来自玩家购买的观赛门票。

2017 年 8 月 3 日，第七届 TI（TI7）正式开赛。比赛之前，奖金池的数额就不断攀升。截至 7 月 30 日，奖金池中的奖金已经达到了创纪录的 2297.3571 万美元，约合人民币 1.55 亿元。这也说明，冠军奖金超过 1000 万美元。TI7 的参赛队伍共有 18 支，其中 5 支中国战队出战，分别为 LGD、iG、iG.V、Newbee 和 LFY。经过 10 天的激烈角逐，在最终的决赛上，欧洲劲旅 Liquid 以 3∶0 击败了中国的 Newbee 战队，获得冠军。

3．赛事体系

从第一届到第七届，TI 一直使用巡回赛的方式开展。然而在第七届之后，维尔福公司改用了积分赛的模式。

《刀塔 2》游戏官方曾在微博中表示，《刀塔 2》的锦标赛分为甲级（Major）和乙级（Minor）两个级别。其中甲级锦标赛的总奖金基础门槛是 50 万美元，另外还有赞助商出资的 50 万美元。乙级锦标赛的门槛比甲级要低得多，只需 15 万美元，同时赞助商也会赞助 15 万美元。为了全球范围内不同地区都有战队能参加最后的主赛事，主办方规定不管是甲级还是乙级锦标赛，包括北美、南美、东南亚、中国、欧洲和独联体在内的六个赛区，每个赛区都必须有一支队伍能从预选赛中晋级。同时为了让来自不同地区的战队之间能相互切磋技艺，还会举办线下决赛。因此主办方会直接安排甲级、乙级锦标赛的赛事日程，防止比赛时间有冲突。

4．中国战队成绩

2011 年，第一届 TI 举办的时候，《刀塔》正在中国掀起一股热潮，即便不玩游戏的人也知道《刀塔》。但那时，国内大部分《刀塔》战队都认为 TI 只是一个幌子，并没有过多地去关注。只有 EHOME 战队为比赛准备了一周的时间，一路过关斩将取得第二名的成绩。直到 EHOME 战队的战绩传回国内，中国的其他战队才如梦初醒，纷纷转战《刀塔 2》。

作为国际性赛事的 TI 也因此进入中国玩家的视野，被大众所熟知。

2012 年，《刀塔》风靡中国。当时，成立于 2011 年的 iG 电子竞技俱乐部在国内的相关赛事中斩获多个冠军头衔，同时，iG 一鼓作气拿下了 TI2 的冠军，走上了发展的巅峰。在 iG 夺得 TI2 的冠军之后，《刀塔 2》顺势在中国开设了网络服务器，这加速了《刀塔 2》在国内的传播。

2014 年，TI4 的巨额比赛奖金引起轰动。大到国家级电视台，小到地方性报纸杂志，国内的传统主流媒体对电子竞技行业进行了长时间、大范围的关注与报道，这是在之前从未有过的。在 TI4 决赛之后，国内权威体育媒体 CCTV5 在官博上发布了 Newbee 战队夺得 TI4 冠军的新闻。很多地方报纸在第二天也用了大篇幅报道 TI4。

2015 年的 TI5 中，中国 CDEC 战队从地区预选赛一路厮杀进入总决赛，但最终被美国 EG 战队击败，与冠军失之交臂，屈居亚军席位。同样来自中国的 LGD 战队则获比赛季军。中国战队虽未在比赛中拔得头筹，但这样的成绩足以让人欢欣鼓舞。

2016 年，中国战队再接再厉，闯进在美国西雅图举行的 TI6 总决赛。最终来自中国的 Wings 战队以绝对的优势赢得比赛总冠军，获得超过 912 万美元的奖金。这虽是 Wings 战队首次参加 TI 赛事，但优异的表现和成绩足以证明中国战队的强悍。

5. 历史意义

一直以来，TI 最令人津津乐道的就是其超高的比赛总奖金，也因此能将全球范围内的各个优秀战队聚集在一起，开展一次又一次顶级的电竞对抗赛事。同时，TI 也被公认为电子竞技的最高水准。

开始于 2011 年德国科隆游戏展的 TI 赛事，在第一届比赛中设置的奖金数额甚至堪比当时十个世界级的电竞大赛之和。赞助商一掷千金的做法，让 TI 赛事一举成名，成功跻身于拥有足够影响力的国际性电子竞技赛事行列。从 TI1 到 TI7，赛事的总奖金也从 160 万美元飙升至 2400 万美元，《刀塔 2》历时 7 年最终发展成为国际顶级的体育赛事。TI 的一举一动都成了大家关注的焦点，每一场赛事都牵动着所有游戏玩家的心。同时，国内主流媒体对 TI 的报道越来越频繁，TI 赛事在国内的知名度也逐步提升。

2013 年，主办方维尔福公司将赛事奖金改为众筹加基础奖金的模式：观众玩家们在购买《观赛指南》之后，25%的收入会被放入 TI 奖金池。最初的指南主要以介绍比赛日程等内容为主，同时会搭配一些市面上买不到的绝版赠品。事实上，其充当了电子门票的角色。

这种模式的效果是显而易见的，因为 TI3 的总奖金额最后高达 287 万美元，与上一届相比增长率达到 80%。同时，许多玩家通过出售绝版赠品的方式来回收成本。此后，TI 系列赛事的奖金不断攀升。在 2017 年举办的 TI7 中，获得冠军的 Liquid 战队得到了 1087 万美元的奖金，折合人民币约为 7240 万元。这也是电竞赛事历史上第一次出现超过 1000 万美元的冠军奖金。

众筹奖金的模式极大地激发了玩家们的参与热情，大家都希望自己喜爱的战队能赢得更为丰厚的奖金。众筹模式带来的高额奖金也极大地提升了战队的斗志和求生欲望，使得比赛的精彩程度不断提高，使《刀塔 2》步入了其最辉煌的黄金时代。

7.4.2　S 系列赛

1. 赛事介绍

《英雄联盟》最大的赛事是拳头公司于每年 9 月至 10 月举行的《英雄联盟》全球总决赛（World Championship）。这也是所有《英雄联盟》的赛事中竞技水平最高、含金量最高、知名度最高的一场竞赛。从 S1

到 S7,《英雄联盟》全球总决赛迄今为止已经开展了 7 个赛季的比赛（见图 7-13）。

图 7-13 《英雄联盟》全球总决赛现场

由于赛事规格较高，报名参赛的都是各个赛区顶尖的战队。《英雄联盟》全球总决赛在全球范围内划分了 13 个赛区：韩国 LCK、中国港澳台 LMS（LMS 联赛）、欧洲 LCS（LCS.EU）、北美 LCS（LCS.NA）、中国 LPL、独联体 LCL、巴西 CBLOL、东南亚 GPL、北拉丁美洲 LLN、南拉丁美洲 CLS、土耳其 TCL、大洋洲 OPL 及日本 LJL。因为每个赛区战队的水平和规模都不尽相同，所以总决赛的名额会根据实际情况进行分配。但可以肯定的是，只有在每年的职业联赛中表现优异的战队才能获得参加比赛的资格。

在前几届比赛中，决赛的参赛队伍由各大赛区独立选出。这一规则在 2017 年发生了改变。从赛区直接晋级的队伍由 16 支减少到了 11 支；新设立了入围赛，决出 4 支参赛队伍；通过季中冠军赛决出 1 支外卡队伍。

因为引入了入围赛机制，角逐总决赛名额的队伍增加到了 24 支，其中有 8 支队伍将在入围赛阶段被淘汰。新规则对 LCK 赛区和 LMS 赛区颇为有利。在 2015 和 2016 赛季，LCK 赛区整体表现十分出色，因此该赛区的 3 支队伍将直接进入小组赛。LMS 赛区的 3 支队伍也可以直升小组赛，不必参加入围赛。

对于中国的 LPL 赛区来说，新规则带来了一定的不利影响。过去 LPL 的小组赛名额有 3 个，现在则减少到了 2 个。也就是说，有 1 支队伍将要参加入围赛，可能面临淘汰的风险。规则改革之后，过去的四大赛区被削弱了，各大赛区之间达成了更平衡的局面。

2. 赛事体系

《英雄联盟》在全球范围内共有三个大型赛事：季中冠军赛、全球总决赛及全明星赛。每个赛区只有获得春季赛冠军的战队才能获邀参加季中冠军赛（见图 7-14）。而参加全明星赛的队员则是由各个赛区的观众票选出来的，除了主要的比赛之外，全明星赛还有克隆模式、solo 模式等娱乐性的玩法，这让《英雄联盟》的粉丝们直呼过瘾。

图 7-14 2016 LPL 总决赛主 KV 设计

除此之外，比较受欢迎的赛事还有《英雄联盟》的洲际系列赛，13个赛区的参赛战队被划分为5组，在"召唤师峡谷"进行实力对抗。

3. 中国战队成绩

中国战队在《英雄联盟》全球总决赛中的表现并不算突出。在S3赛季中，中国赛区的冠军被皇族战队拿下，OMG战队获亚军。在随后的总决赛小组赛中，OMG战队只冲刺到八强的位置。而皇族战队以0∶3的成绩输给韩国SKT1战队，最终只获得《英雄联盟》全球总决赛的亚军。

在S4赛季中，来自中国大陆的EDG、OMG、皇族三支队伍均获得参赛资格，并成功晋级世界八强。最后，EDG战队以2∶3的比分败给皇族，OMG战队同样以2∶3的成绩败给皇族止步四强，而皇族则以1∶3的成绩败给SSW战队，最终无缘冠军。

S5赛季因为引入了韩援，中国战队被寄予了很高的期望。其中，LGD战队赢得夏季赛冠军，作为头号种子直接晋级决赛圈。EDG和iG在预选赛中取得了参加决赛的资格。但是在S5的小组赛阶段，LGD就发挥失常，早早出局。iG的表现也不尽如人意，没能出线。只有EDG进入了八强，随后输给了Fanitic战队。

S6赛季中，代表中国参赛的3支队伍分别为EDG、RNG和IM。其中，IM是第一次参加世界大赛，因为经验不足，在小组赛阶段就被淘汰。EDG和RNG均以小组第二的成绩出线，在八强赛中面对ROX和SKT。这两支战队都来自韩国的LCK赛区，具有很强的实力。经过激烈的对决，中国战队没有进入四强。在最后的决赛中，SKT卫冕成功，夺得冠军。

S7总决赛在中国举办。其中，小组赛在武汉进行，八强赛移师广州，半决赛在上海举行，而最后的决赛安排在了国家体育场——鸟巢。中国战队在这届比赛中的表现十分出色，RNG和WE都进入了四强。但是非常遗憾的是，在半决赛中两支战队分别输给了韩国的SSG和SKT。在鸟巢的决赛中，SSG 力压 SKT，获得 S7 总冠军。

4. 女子战队

随着互联网技术的发展，五花八门的电竞游戏涌入市场，其上手难度也变得越来越低。电竞游戏逐渐成为年轻人主要的休闲娱乐方式。根据相关数据显示，电竞游戏玩家的数量每年都在不断地上涨，其中女性玩家所占比例也越来越大。仅《英雄联盟》的游戏玩家中，女性玩家比例就已经超过五分之一，这表明电竞游戏属于男生专利的标签已经被撕下，而且女性玩家也是电子竞技赛事开展的基础之一。

与男性玩家一样，电竞俱乐部成了女性玩家追逐电竞梦想的途径。诸如 LMG、NG 等一大批女子电竞俱乐部为女性玩家提供发挥的舞台。但是，由于男性玩家依旧是电子竞技游戏的主力军，所以无论是在数量上还是规模上，女子电竞比赛都难以企及男子电竞比赛。这在一定程度上让女子电竞俱乐部面临生存问题。一方面小规模的比赛项目难以得到足够关注，另一方面俱乐部的经营却需要耗费大量资金。

转型似乎成为女子电竞俱乐部生存下去的唯一选择。于是有些俱乐部在选拔队员时更注重其颜值和才艺，而削弱了对技能的考察。俱乐部则通过直播的方式达到名利双收的效果。

于是有些"选美队""主播队"借着电子竞技的名号做起秀场里的战队，这与当初成立女子电竞俱乐部的初衷背道而驰。女性电竞选手开始朝着娱乐化的方向发展。由于没有过硬的技术作为支撑，作秀式的比赛难以持续吸引观众。因此，有些女子电竞俱乐部的技术实力需要提高。

5. 历史意义

《英雄联盟》S2 世界总决赛是当年观看人数最多的一场电竞比赛。据统计，通过互联网和电视收看比赛的人数累计超过 828.2 万，其中韩国和中国的观众就占了四分之一；收视最高点大约有115.4万人通过网络同时在线观看。

S3赛季时，观看人数较S2赛季有了大幅度的增长，总观看人数超过3200万；此外，同时在线观看人数也超过850万。

S4的总决赛有超过2700万名观众收看，成为2014年度观看人数最多的一场电竞赛事。特别是SSW战队与皇族战队进行决战时，有1120万名粉丝在线收看了赛况，创下了电子竞技行业的新纪录。

到S6时，每日独立观众累计数量达到了3.9亿，比赛直播的收看时长也达到3.7亿小时。这届比赛新设置了奖金体系，总奖金达到670万美元。其中，原始奖池奖金为210万美元，战队头像分成贡献了160万美元，而余下的300万美元都来自玩家的投入。

在中国举办的S7创造了很多纪录。在这场全球总决赛进行的一个月中，总观看时长达到了12亿小时，是S6的三倍多。每日独立观赛人数也有了显著的增长。S6的每日独立观众峰值为4300万人，而在S7半决赛RNG战队对SKT战队的比赛中，该数值翻了接近一番，达到8000万。在鸟巢的总决赛中，独立观众数量有所下降，但也达到了5760万。

7.4.3 其他赛事

1. COD世界锦标赛

全球最热门的射击类游戏当属《使命召唤》系列。在系列游戏发行的10余年里，其创下了累计超过150亿美元的销售纪录。从2013年开始，由幻境、英伟达、英特尔等公司联合赞助的《使命召唤》系列赛事——COD世界锦标赛成了射击类游戏中玩家水平最高的比赛，为玩家们提供了逼真的游戏体验。

2. HALO 世界冠军赛

HALO 世界冠军赛是指《光环》世界冠军赛。《光环》系列电竞赛事一直以来都在北美地区开展，直到 2016 年 3 月，首届 HALO 世界冠军赛在美国加州好莱坞落下帷幕。来自全球的 16 支队伍参加了这场比赛，最终 CLG 战队以 4∶0 的战绩打败 Allegiance 战队，赢得 100 万美元的冠军奖金。

3.《守望先锋》联赛

《守望先锋》联赛（Overwatch League）是由暴雪娱乐公司主办的游戏职业联赛。暴雪娱乐公司于 2016 年宣布联赛将参考传统体育运动的模式，采用永久团队的制度。2018 年 1 月，《守望先锋》联赛第一赛季拉开序幕，常规赛一直持续到 6 月结束。随后在 7 月举行季后赛，8 月举行全明星周末赛。

4.《彩虹六号》国际邀请赛

2017 年由育碧出品的《彩虹六号：围攻》游戏发行之后，受到粉丝们的热烈追捧，核心玩家人数达到数百万人。为了加强游戏开发者与粉丝以及玩家之间的沟通互动，育碧创办了《彩虹六号》国际邀请赛。2017 年 2 月，第一届邀请赛在加拿大蒙特利尔举行，来自欧洲赛区、北美赛区、拉美赛区、东南亚赛区及澳洲赛区的 6 支参赛队伍角逐 125 万美元的奖金。总而言之，《彩虹六号》国际邀请赛可以说是《彩虹六号：围攻》游戏电竞赛事中水平最高的职业赛事。

7.5 俱乐部

7.5.1 成熟化、专业化、体系化

在过去，人们普遍对电子竞技有刻板印象。例如，电竞俱乐部通常

被当成网吧,电竞选手是网瘾少年的代名词。但是,随着电子竞技行业的职业化和正规化,电竞俱乐部也发生了脱胎换骨的改变。很多俱乐部都采用了现代企业的管理办法,有一套完整的规章制度,无论是日常训练还是生活作息,都进行了合理安排,还有专门的教练团队与心理辅导团队为电竞选手服务。

电竞俱乐部的商业价值正在被各界看重,赞助商蜂拥而至,都想在电子竞技发展的大潮中分得一杯羹。很多电竞俱乐部也把握住了这个难得的机会,顺应时代的需求,利用电竞选手的明星效应,实现了俱乐部的品牌化运营。站在顶端的俱乐部不但战绩不俗,还拥有一批明星选手。这些选手自带粉丝和流量,能够带来巨大的商业效益,因此备受赞助商追捧。在这样的背景下,一些电竞俱乐部接受了大量赞助,参加的商业活动越来越多,门类也越来越广泛。

从国内整体市场的角度来看,电竞俱乐部数量还远远没有达到饱和状态,将会进一步提升。同时,大型的综合俱乐部也不断涌现。俱乐部不再是过去的"草台班子",而是由一批分工明确的专业人员组成的庞大集体。不但有正式选手,还有替补选手、教练团队、营养师团队、心理辅导团队、数据分析团队、后勤保障团队等。

电竞俱乐部成员也不仅限于国内选手,其他国家的电竞选手开始越来越多地加盟国内战队。电竞市场也越来越规范化,早先常见的恶意挖角和违约等现象已基本消失。俱乐部的专业化程度不断提高,知名选手们的受欢迎程度与日俱增,代言的商品已经扩大到了日常消费品领域。

7.5.2 "强势进入,整合电竞"的 ACE 联盟

韩国的 KeSPA 作为全国性的电竞联盟,对选手有强大的组织管理能力。2009 年,暴雪为了打开韩国电竞市场,投资 1.1 亿韩元入驻网络电视频道 GomTV,想要在赛事转播方面分一杯羹,但是没能得偿所愿。

GomTV 的主打赛事是《星际争霸》比赛，而 KeSPA 中的 12 支战队都缺席了其比赛，导致赛事毫无看点，最后被迫停赛。由此可以看出 KeSPA 的权威控制能力。在过去，我国电竞俱乐部各自为政，发展较为混乱，急需一家类似 KeSPA 的组织来对电子竞技进行统一管理。

2011 年 8 月 2 日，王思聪发了一条内容简短的微博："强势进入，整合电竞。"他正式进军电竞业，首先收购了濒临解散的 CCM 战队，重组为 iG 电子竞技俱乐部。之后，他投入了很大的精力，制定了一系列规则，让 iG 俱乐部走上了企业化、正规化发展的道路。iG 的选手平日里接受良好的训练，有合理的薪酬，参加比赛还会获得不菲的奖金，在退役后也有良好的生活保障。同时，iG 为旗下选手进行了全方位的包装，最大限度发掘了选手的商业价值，也提升了全行业的薪酬水平。

通过从 iG 身上获得的经验，王思聪认为，中国电子竞技应当有更加规范透明的制度，由专业人士进行系统化的管理，才能实现良性发展。因此，王思聪带头发起成立了中国电子竞技联盟 ACE（见图 7-15），负责国内职业电子竞技战队注册、管理、转会、赛事监督等多方面工作。同时，通过颁布《职业联赛参赛俱乐部管理办法》、《职业选手个人行为规范》等多个条例，为整个行业树立了规范。ACE 联盟诞生时，正值《刀塔》在国内流行。当时的《刀塔》赛事良莠不齐，ACE 的成立，给中国电子竞技带来了一股新风。

图 7-15　ACE 联盟 LOGO

按照游戏划分，ACE联盟又细分为两个二级联盟。其中，《刀塔2》联盟为D.ACE，《英雄联盟》联盟为L.ACE。ACE目前仍处于发展阶段，做出了一些尝试性的举措，如限制俱乐部参加奖金过低的赛事，对旗下的选手进行包装，比赛时由联盟统一安排行程。但是因为尚未盈利，对需要投入大量资金的赛事及其转播权等无法掌控，因此还没有起到理想中的作用。

如今，D.ACE联盟下辖11个俱乐部，L.ACE联盟下辖16个俱乐部。《刀塔2》的官方次级联赛禁止D.ACE成员参赛。同时D.ACE也规定，高等级的俱乐部只能参加高级别赛事。而腾讯则将国内的《英雄联盟》职业联赛（LPL）委托给了L.ACE管理。

ACE联盟按照统一的规则管理和运营联盟中的俱乐部，使之更加规范化。ACE靠自己的影响力来肃清行业乱象，改变电竞从业环境，打造良好的业界生态。ACE的目标是成为像KeSPA那样的联盟，对国内的电竞战队和选手具有统领力。

7.5.3 城市主场：带动当地产业发展及LPL的多城市主场规划

2017年下半年，LPL率先采用了特许经营模式，把参加比赛的战队划分给不同的城市，每个城市拥有一支主场战队。这种模式效仿了职业体育联赛，把战队和所在的城市深度捆绑在一起，让战队为城市增光，让城市为战队自豪。市民在欣赏比赛时会为自己城市的战队加油助威。

电子竞技兴起的早期，上海是全国电子竞技的中心热点地区，很多顶尖俱乐部都诞生于此。随着电子竞技行业的发展，各大俱乐部纷纷开始了去上海化的过程，从上海辐射至全国各地。随着一些俱乐部落户地方，各种相关资源也尾随而至，为提振地方经济起到了积极的作用。电子竞技属于资本密集型的行业，只有全面开花才能惠及更多地区。

2018年的新赛季中，LPL借鉴了NBA的经验，实行了全新的主客场比赛制度。其中，Snake俱乐部的主场在重庆，LGD俱乐部的主场位于杭州，OMG俱乐部的主场在成都，RNG俱乐部的主场在北京，WE俱乐部的主场落户西安。城市主场给当地玩家和观众带来了更丰富的体验，让他们有不出城市便能亲临现场观看比赛的机会。以WE俱乐部为例，它以西安为主场，成了西北地区首支主场俱乐部，填补了市场空白。西北的电子竞技行业也因此得到了极大的发展。

俱乐部所落地的城市需要设立专门的机构或成立新兴企业，以便将外来的电竞项目和本地的优势资源结合起来。既能让电子竞技落地生根，也要让当地因电子竞技而受益。最常见的做法是建设电竞产业园，集中资金和配套设施，大力扶持电竞俱乐部的发展。俱乐部通过比赛积累人气，孵化IP，吸引粉丝，带动周边的旅游和餐饮行业发展。

7.6 平　　台

和传统体育项目相比，因为电子竞技具有游戏和社交属性，又与互联网的发展紧密联系在一起，因此更容易变现。电子竞技已经形成了一条完善的产业链。其中，电子竞技产业的上游是生产环节，包括游戏生产商和发行商，主要负责为电子竞技产业输送产品；产业的中游是分发环节，包括赛事运营商、电竞俱乐部、职业选手和媒体行业等，是电子竞技产业最重要的一环，集中了最丰富的资源和最多的人才；下游是消费环节，包括游戏周边、外设及直播行业等，是电子竞技产业的重要支持和助力。

1. Twitch发展历程

2011年，Justin Kan和Emmett Shear一起打造了Twitch。这是一家流媒体视频平台，播出的内容为视频游戏（见图7-16）。Twitch是Justin.TV

下属的一家媒体平台,独立运营,主攻有关游戏的资讯。Justin.TV 成立于 2007 年,播出的内容十分广泛,囊括了社交、娱乐、体育和游戏等内容。后来,游戏板块越来越受欢迎,因此被拆分出来,这就是 Twitch。

图 7-16　Twitch 直播平台

Twitch 的成功是先发优势的一个典型。在 2006 年前后,视频直播技术刚刚萌芽,卡顿和延迟几乎是无法避免的现象,尤其是当观看人数到达一定峰值时,服务器时常面临着宕机的风险。这些技术瓶颈让彼时的 YouTube 选择了谨慎观望,而 Justin.TV 的四个联合创始人却迫不及待地开始冒险。

他们的创业理由带有浓厚的行为艺术色彩:Justin Kan 希望用一支藏在帽子里的网络摄像头向全世界 24 小时直播自己的行为动态。加之这群年轻人都是游戏和电子竞技的爱好者,Justin.TV 和首个游戏直播平台 Twitch 就此诞生了。

事实证明,并非所有人都愿意观看 Justin 的日常生活,但注定有众多游戏玩家乐于在 Twitch 上为精彩的游戏操作而欢呼。从 20 世纪 90 年代的"双子银河"游戏积分纪录网到论坛时代对电竞赛事的文字直播,与拥有共同爱好的游戏玩家分享乐趣、互相超越及追求极限始终是电竞玩家不变的需求。而任何能打破人和信息界限的新产品，都将对商业运作和自身命运产生巨大的影响。

即时战略、第一人称射击、角色扮演……独立后的 Twitch 几乎囊括了一切游戏种类，而《魔兽争霸 3》《刀塔》等热门游戏则始终是人气的宠儿，当然还有更加年轻的《英雄联盟》。Justin 关于游戏直播的疯狂构想正在逐步走向现实，2011 年 7 月，Twitch 通过"合作伙伴项目"在不到一个月内招募了近万名游戏玩家，他们在各个游戏频道中直播自己的游戏画面，并拥有一个十分时髦的称呼：游戏主播。

比主播数量更多的是不断切换于各个频道间的观众们，他们各自有着不同的观看需求，进而催生出了众多风格各异的热门主播，也就是第一批由直播平台孵化而来的游戏"网红"。游戏技术顶尖的主播通常会为观众展示游戏技巧和堪比职业选手的精彩表现；经验丰富、见解独特的主播则对新发布的游戏及电竞赛事予以点评解说。最贴近观众心理的是那些在直播中表演才艺或者妙语连珠的偏娱乐型主播，这恰恰是游戏直播的魅力所在，就像在现实中与你争抢游戏手柄的好友，尽管在技术上无比糟糕，却总能给人带来意料之外的欢乐。

经由 Twitch 认证的游戏主播主要拥有两个方面的收入来源，一是开启付费订阅模式，二是根据直播流量与 Twitch 进行分成。而对于用户来说，要想免去广告的打扰，则需要以每月九美元的费用成为 Twitch 会员，并在直播互动中拥有会员专属特权。

这的确是一套适合所有人的平台体系，它对免费用户足够友好，又借助分成的形式保障了主播的收入。更加重要的是，游戏和电子竞技是这里唯一的主题，类似社区的氛围帮助 Twitch 建立了一套独特的口碑优势。2012 年 4 月，Twitch 和美国哥伦比亚广播集团旗下的互动媒体公司

CBSi 达成战略合作，后者创建的 GameSpot.com 是世界范围内影响力最大的专业游戏资讯站点。

2. 斗鱼

（1）发展历程。

直播平台近几年的发展十分迅猛，到 2016 年年底，注册在案的网络直播平台数量超过了 200 家，总用户数量达到 2 亿人。几家最火爆的直播平台用户数超过 1 亿人，月活用户也达到了千万量级。其中，斗鱼是很有代表性的大型平台（见图 7-17）。

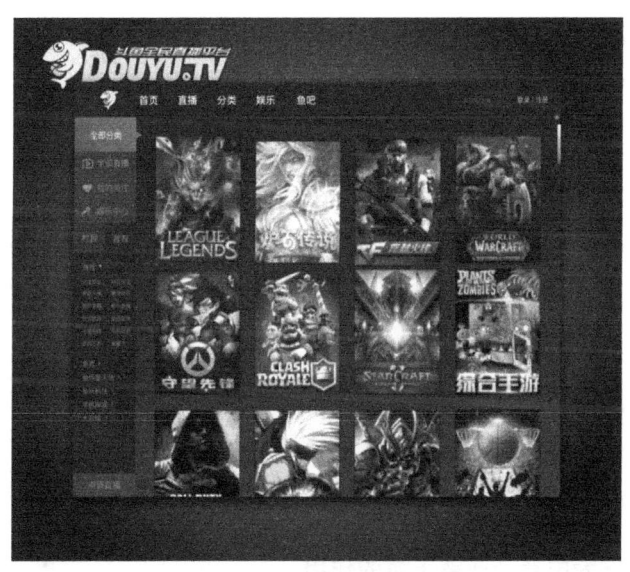

图 7-17　斗鱼直播平台

斗鱼的前身为 ACFUN 生放送直播，2014 年正式更名为斗鱼 TV。该平台播出的主要内容为游戏视频，还包括综艺和体育等项目。2016 年 3 月，斗鱼获得 1 亿美元的 B 轮融资，仅仅过了 5 个月，又获得由腾讯和凤凰资本领投的 15 亿元 C 轮融资。获得大量资金支持之后，斗鱼开始全面发展,走泛娱乐路线。原本的主打项目——游戏内容被弱化,其他项目有了更多的发展机会。

斗鱼在早期的游戏直播中,选择的大多数游戏项目是传统的端游。但是随着手游越来越受欢迎,关于手游的直播内容也逐渐增多。除了直播,斗鱼还在官网页面上设置了"游戏推荐"入口。用户可以在游戏推荐页面下载多款热门手游,还能通过完成斗鱼发布的各种任务领取奖励。这是斗鱼做出的全新尝试:与游戏开发商进行合作,在自己的平台上推广游戏。这一方面提高了游戏的下载量,另一方面也增加了直播的内容素材。

成立于2015年的熊猫直播平台选择的方式和斗鱼不同。前者并未在面上设置游戏下载入口,而是和各大赛事组织方进行了全面合作。用户可以实时观看手游比赛直播,一方面为赛事做了推广,一方面也为网站带来了更多流量。

直播平台数量不断上升,内容的同质化问题非常严重。要想获得更多关注,就要具有差异性。因此各大平台除了在内容上继续发力之外,纷纷从其他角度入手,想要找到一条富有特色的发展之路。这一点,从斗鱼和熊猫的差异化发展中可见一斑。斗鱼作为最早的平台之一,有用户基数上的优势。而熊猫没有历史包袱,尝试做出革命性的创新。其他直播平台也没有停下脚步,一直在紧紧追赶。电竞直播市场百花齐放、百家争鸣的局面,仍将持续一段时间。

(2)作为电竞产业链下游的作用。

直播平台除了直播比赛之外,还能及时发布赛事信息,制作和赛事有关的视频,发布各大战队的战报,起到了赛事聚合的作用。这完善了电竞生态上的一个重要环节,把与赛事相关的所有部分都整合在一起,便于观众了解比赛,提升了观众的观赛热情和参与度。

直播平台还可以培养明星。无论对于传统体育项目,还是对于新兴的电子竞技来说，明星都是不可或缺的。明星既可以吸引更多的人关注比赛，还能创造巨大的经济价值。

电竞直播平台以内容为王，因此对主播的要求很高。一些知名主播受到各大平台的争抢，身价节节升高。虽然各平台都有薪酬保密协议，但是根据估算，排名前十的主播平均身价超过了1700万元。与之相比，顶尖的电竞职业选手的薪酬加比赛奖金也达不到这个数字。因此，很多电竞选手在退役之后选择做主播，还有的选手在训练时进行直播，直播收入成为他们收入来源的一部分。

知名主播之所以受到追捧，是因为行业中缺少这样的人才。很多主播对电子竞技不够了解，自然无法打动观众。一些经纪公司看到了机会，开始自己培养专业主播，为市场输送了很多人才。这种模式获得成功之后，又被大量复制，出现了一大批专门培养主播的公司。这些公司针对每个主播的特点量身定制一套培训方案，并进行全面的包装和宣传。这种模式让主播行业的发展得到了规范。主播取得的收入再与经纪公司分成，使两者的利益都得到了保证。

在全球范围内，电子竞技正在经历一个黄金时代。对于很多人，尤其是中国电竞从业者来说，经历了大起大落的电子竞技行业能够取得今天这样辉煌的成绩，是一件非常令人难以置信的事。电子竞技如今已成为奥运会、亚运会等国际重大体育赛事的正式项目。这既是时代发展的必然，也归功于中国电竞人的不懈努力。正是他们的努力与坚持，才使中国电竞迎来了曙光。

思考题

1. 《王者荣耀》的兴盛源于哪些优势？

2. 简述 KPL 的发展过程,并分析说明制约其发展的因素有哪些?

3.《绝地求生》的成功因素有哪些?又面临着什么样的机遇和挑战?

4. 电竞直播平台对于电子竞技的整个产业链来说具有什么样的意义?